中华先贤人物故事汇

玄奘

马明博 著

中华书局

图书在版编目（CIP）数据

玄奘/马明博著. —北京：中华书局，2019.2（2024.10 重印）
（中华先贤人物故事汇）
ISBN 978-7-101-13720-0

Ⅰ.玄… Ⅱ.马… Ⅲ.玄奘（602~664）-生平事迹
Ⅳ.B949.92

中国版本图书馆 CIP 数据核字（2019）第 006440 号

书　　　名	玄　奘
著　　　者	马明博
丛　书　名	中华先贤人物故事汇
责任编辑	林玉萍　董邦冠
美术总监	张　旺
封面绘画	张　旺
内文插图	高义翔
责任印制	管　斌
出版发行	中华书局
	（北京市丰台区太平桥西里 38 号　100073）
	http://www.zhbc.com.cn
	E-mail:zhbc@zhbc.com.cn
印　　　刷	三河市宏达印刷有限公司
版　　　次	2019 年 2 月第 1 版
	2024 年 10 月第 5 次印刷
规　　　格	开本/787×1092 毫米　1/32
	印张 5⅛　插页 2　字数 72 千字
印　　　数	34001-36000 册
国际书号	ISBN 978-7-101-13720-0
定　　　价	20.00 元

出版说明

孔子周游列国，创立儒家学说；张骞出使西域，开辟丝绸之路；书圣王羲之，留下了曲水流觞的佳话；诗仙李白，写下了"举头望明月，低头思故乡"的名篇；王安石为纠正时弊，推行变法；李时珍广集博采，躬亲实践，编撰医药学名著《本草纲目》……

这些杰出的历史人物，有的是在中华民族文明进程中做出过突出贡献、对后世产生过巨大影响的思想家、政治家，有的是对中华优秀传统文化的传承传播发挥过重大作用的文学家、艺术家、科学家，有的是为国家安定统一、民族融合团结和中外文化交流做出过杰出贡献的军事家、外交家……他们为中华民族的繁荣发展做出了伟大的贡献，他们的行为事迹、风范品格为当世楷模，并垂范后世。

他们是中华民族的先贤人物。他们的思想、品德、事迹，是中华优秀传统文化的结晶。他们的故事，是对中华民族的禀赋、特点和气质最生动、最鲜活的阐释。他们的名字，在五千年中华文明史上最为光彩夺目。他们为五千年中华文明史书写了最为光辉灿烂的篇章。

为了解先贤，走近先贤，我们精心组织编写了这套《中华先贤人物故事汇》丛书。以详实可靠的史料为依据，以细腻动人的故事为载体，真实地呈现中华先贤人物的事迹、品格和精神风貌，彰显他们的贡献和功绩，以激发人们对国家民族的热爱，对中华文明、中华优秀传统文化的崇敬。

开卷有益，期待这套丛书成为你的良师益友。

目 录

导　读

　　玄奘（600—664），俗姓陈，名祎（yī），洛州缑（gōu）氏（今河南偃师缑氏镇）人。

　　贞观三年（629），他不顾多方的劝阻和凉州都督的通缉，孤身一人踏上了西行求法的漫漫征途，求法途中经历了重重的艰难险阻，多次命悬一线而不悔：茫茫沙海，四天五夜滴水未进；皑皑雪山，狂风暴雪中举步维艰；恒河中流，遭遇强盗，差点被献祭天神……

　　他还凭借坚定的信念抵制住了求法途中的种种诱惑：国王的尊奉、国师的荣誉、辅政的高位……

　　历尽艰辛到达印度那烂陀寺后，他用了五年时间深入学习《瑜伽师地论》等经论；又用了五年时间游学于印度诸国之间，终于成为公认的佛学大师。随后，他谢绝了戒日王、鸠摩罗王以及那烂陀寺僧众的挽留，毅然带着大批经卷回归大唐。

在唐太宗、唐高宗的支持下，他潜心译经十九年，系统而高质量地翻译了佛教经论七十四部一千三百三十五卷，取得了中国佛教翻译史上前所未有的成就。他翻译的佛教经典，丰富了中国佛教的文化宝库，对中国佛教史、哲学史、思想史的影响十分深远，也推动了佛教融入中华文化的步伐。

玄奘还将西行求法的所见所闻，撰成《大唐西域记》十二卷，记载了古代西域、中亚、南亚一百多个国家和地区的历史地理、物产风俗和文化，既是一部重要的历史、地理文献，也是一部重要的佛教史史料。

玄奘，是世界佛教史上最杰出的人物之一，是严谨的佛经翻译家，更是伟大的佛教思想家。

长安来的偷渡者

大海中的高山

波涛汹涌的大海中央耸立着一座高山，山顶高耸入云，山体雄伟壮丽，熠熠闪亮，像是蕴藏着无数的珍宝。眼前这座山，不就是佛经中所说的须弥山吗？佛经中讲，须弥山像支柱一样支撑着这个世界；或者说，整个世界是围绕须弥山布局的；山顶上的忉利天宫，是佛陀为母亲讲法的地方。

玄奘迫切地想登到山上看个究竟。他环顾四周，远处近处，海岸边看不见一条船，哪怕是一条小舢板也没有。

没有船，何妨游过去？！玄奘鼓足勇气，抬脚迈向海水。

好奇怪呀！他的脚踩到的，并不是冰冷的海水，低头一看，哦——脚下踩的，竟然是一朵洁白的莲花。不知道什么时候，海水中涌现出一朵朵莲花。

这些莲花，随波起落，从岸边延伸向海中央的须弥山。远望过去，分明是一座用莲花搭起的浮桥。

玄奘抬起右腿，试探着向前迈进，一步一莲花，来到须弥山下。

新的难题又出现了！

山体高峻陡峭，岩石巨大，又光溜溜的，找不到下手攀抓之处。宝山就在眼前，却上不去！这怎么办？玄奘急得一跺脚。

这时，意想不到的事情出现了！

玄奘感到自己像被一只无形的巨大手掌托举着飘向山顶。他还没来得及惊讶，就已经站到山的最高处。

遗憾的是，山顶上并没有出现庄严的忉利天宫。放眼远处，西方的天边，金光灿灿，其中还映

玄奘梦见自己脚踩莲花，走向须弥山。

现出诸佛菩萨庄严的身影！虽然距离很远，面目衣饰却很清晰。玄奘俯身顶礼，虔诚拜下，起身时……玄奘发现自己依然静静地躺在床上。

哦，原来是一场梦。

这是唐贞观元年（627）初秋的一个黎明。

窗外秋虫唧唧，虽然天未放亮，已隐约可见窗外朦胧的曙光。

玄奘回味着这个梦，心里想："这难道不是佛菩萨在加持我吗？"对西行取经，他的信心更加坚定了，"这梦中的大海、高山，原来都是对我的考验啊！大海中能涌出朵朵莲花，西行路上会不会也有朵朵莲花等着我？"

这一年，玄奘二十八岁。

佛门千里驹

"玄奘，前面就是长安啦。"二哥长捷法师对他说。武德元年（618），这是玄奘第一次来长安（今陕西西安）。

一个月前，二哥带他离开洛阳净土寺，本想来长安依止高僧大德参学佛法。没想到，连年的战火，已经让长安变为一座离散之城，高僧大德也跑到蜀地益州（今四川成都）避祸去了。长安城内，僧寺萧索，没有人开讲席，寺院连僧人的食物也难以供给。

在长安城内宽广萧条的街道上走过，玄奘紧紧跟随在二哥身后，寸步不离。他们走进了多家寺院，寺中要么空无一人，要么冷冷清清。生性慈忍的二哥轻轻叹了一口气："看来长安是无法落足啦。我们去蜀地吧！"

连接长安与益州的，也不是平坦的大路，其间隔着一座座山一道道水。二哥带着玄奘，一路跋山涉水，翻山越岭。

在玄奘的印象中，益州的山，高可摩天，益州的水，长流入海。宝暹、道基、道振等高僧的学问，也同样深不可测！好学的玄奘如饥似渴地学习了《摄大乘论》《阿毗昙论》等佛典。

唐高祖武德三年（620），玄奘二十一岁，在益州空慧寺受了具足戒。

他走出戒坛时，二哥露出灿烂的笑容："四

弟，你长大成人啦！受了具足戒，就是一名真正的僧人，光大佛法的路，你好好地走下去吧。"

在益州学到的，无法满足玄奘。武德六年（623），看到时局渐趋安稳，他搭乘商船沿长江而下，出三峡，先后到荆州等地参访高僧。之后，他又北上相州（今河南安阳）、赵州（今河北赵县），继续参学。

游学期间，玄奘听说，长安重新成为佛学研究的重镇。著名的道岳法师（主讲《俱舍论》）、玄会法师（主讲《涅槃经》）以及主讲《摄大乘论》的法常法师和僧辩法师等，均云集于此。第一次去长安的印象，在玄奘心里就像孩童在纸片上涂鸦的简笔画，此时的长安，却是他内心深处最强烈的渴望。

武德八年（625），长安城外，细柳轻拂，春花遍野。玄奘突然感觉，不是他来到了长安，而是长安来到了他的心里。他清晰地听到了自己"怦怦"的心跳声。

这是玄奘第二次来到长安。

他住在长安大觉寺内，从道岳法师学《俱舍

玄奘如饥似渴地学习佛典。

论》，又往返于诸位高僧的法席之间，虚心求教，倾听大德的开示，像弯腰捡拾落在地上的松子一样，撷取经论的精华。

对这位学识卓然的佛门新秀，法常、僧辩两位高僧交口赞叹："玄奘，真是佛门的千里驹啊！他将来一定会光大佛法，可惜我们年岁已高，怕是无法亲眼见到那一天啦！"

到天竺去

大兴善寺内，柏树青青，翠竹摇曳。

中天竺（天竺即今印度，当时分为东、西、南、北、中五天竺）三藏法师波罗颇迦罗蜜多罗（简称"波颇"），从海路到达大唐，辗转来到长安大兴善寺中。他翻译、宣讲《庄严经论》引起轰动后，前往拜访的人络绎不绝。

这天下午，由于下雨，往日人群川流不息的寺院不再嘈杂，殿堂之间宁静空旷。玄奘陪着波颇在大殿檐下绕行。

在这份难得的寂静中，波颇问："你听到雨声了吗？"

"听到了。"

"用心听与不用心听，雨声是不一样的。"

玄奘"嗯"了一声。

波颇说："下雨的时候，世间的人大多只是被淋湿，他们没有能力看到下雨的因缘。"说着，他拐过大殿的一角。

玄奘紧随其后，他听到波颇问："听说你走过不少地方，参访了多位高僧，他们理解的佛法是什么样子的？"

玄奘回答说："佛法在中国传播了五六百年，也和天竺佛教一样，形成了诸多的学派，涵盖着大小乘的思想。这些学派，各立门户，百花齐放，相互争鸣。整体来说，分为南北两个佛学体系。有些问题，一直争论不休——"

听到这儿，波颇停下脚步，回过头来。迎着波颇鼓励的目光，玄奘继续说：

"例如，对'佛性'的认识。《涅槃经》讲'一切众生皆有佛性'，北方僧人认为'众生在将来成佛时才有佛性，未成佛时没有佛性'，佛性是

'当有'（始有）；而南方僧人认为'佛性是众生本有的，未来成佛，只不过使本有的佛性开发出来而已'，佛性是'现有'（本有）。"

波颇皱起眉头，陷入沉思。

玄奘问："尊者，像这样的问题，我该如何取舍，以谁为圭臬（标准）？"

波颇又沉默了一会儿，他轻声说："年轻的法师，您的这个问题，我不好回答。如果缘分具足的话，您可以去印度那烂陀寺问问我师父戒贤大师。"

从波颇的口中，玄奘第一次听说了天竺那烂陀寺和戒贤大师。

"戒贤大师现在已经快一百岁了，他是天竺公认的高僧大德，精通经律论三藏、大小乘佛法。他还是瑜伽行派的权威，是当今精通《瑜伽师地论》的佛学大师。"

玄奘问："《瑜伽师地论》是一部什么样的经论？您有没有带来大唐？"

波颇向玄奘摊开双手，解释道："《瑜伽师地论》是一部统摄一切佛法的经论。它卷帙浩瀚，抄写这部经的贝叶，要装满一大白牛车的。我孤身一人来大唐，没有办法把它带来。"

波颇看到了玄奘脸上失落的表情，他拍了拍玄奘的肩膀，鼓励地说：

"去天竺吧。如果你能得到戒贤大师的讲授，用三五年时间深入研习《瑜伽师地论》，我相信，没有什么佛学上的问题能难住你！"

玄奘内心深处重新燃起了希望的火焰，他喃喃自语："戒贤大师，那烂陀寺，《瑜伽师地论》……"

波颇说："年轻的法师，到天竺去吧！"

西行前的准备

听玄奘说想西行到天竺去求法，有几位年轻僧人也热血沸腾。他们与玄奘一同向朝廷上表，请求官府颁发"过所"（通关文牒），允许他们到天竺学习佛法。

西行出国，却非易事。

当时的大唐，立国未久，政权与疆域还没有完全巩固。境外，东有劲敌高句丽，西有强敌突厥，不断进扰；境内，还有一股股的反唐势力尚未平息，不时作乱。朝廷为维护时局稳定，对内设置了二十六处关卡，控制人口流动，严格勘察来往之人，僧人未经批准，也不许外出游方；对外实施边境封锁，对出境严加控制。

玄奘等人递交的申请未获批准。

其他人都泄了气，无可奈何地放弃了西行的打算。

这时，朝廷给了玄奘一份殊荣。这份殊荣，是很多僧人梦寐以求也未必能得到的。

贞观元年（627），"十大高僧"之一、长安大庄严寺住持慧因法师因病去世。仆射（宰相）萧瑀向朝廷提议，请饮誉长安的佛门新秀玄奘出任住持。玄奘却委婉地拒绝了。

玄奘继续向朝廷递交西行的申请。

结果再次如泥牛入海，杳无音信。

玄奘开始悄悄着手做西行前的准备。他向西域来的僧人学习梵文。他博闻强记，学习了三四个月后，就能用梵语与人对话了。他想办法接触往来于丝绸之路的商人，了解到西行之路充满艰辛，要经过戈壁、大漠、雪山……他下定决心磨砺自己的双脚，接受山野的考验，让身体更加强健。

他从长安城行脚到终南山，强迫自己禁食三五日，两三天不饮水，忍受饥渴的煎熬，攀山越岭，风餐露宿……回到长安时，原本脸色白净、温文尔雅的玄奘，变得皮肤黝黑、身材消瘦，让人不敢相认。

一日午后，长安城内下起暴雨。玄奘走到大觉寺的庭院中，接受狂风暴雨的洗礼。浑身湿透的他，故意逆风而行，直到雨歇。

一想到戒贤大师已经年近百岁，玄奘恨不得马上到达那烂陀。但他知道，鲁莽行事，后果难测，必须要等到合适的时机再动身。为平抚内心中的焦虑，玄奘每日虔诚礼佛，默祷西行的事得到诸佛加持。

不久，机会来了！

凉州受阻

长安城外，秋色如画，黄澄澄的庄稼一望无

际。收获在即，却来了一场铺天盖地的霜雹，关中地区农作物毁损六七成。随之而来，偌大的长安城，数十万居民的生活难以为继。

玄奘所在的大觉寺率先开门施粥，救济灾民。但寺院的存粮毕竟数量有限，施粥没能持续几日，僧众们也断了炊。

贞观三年（629）二月，官府发布诏令，准许长安城内所有缺粮的人外出逃荒，"随丰就食"。

玄奘意识到，机会来了！

他混迹在灾民群中往城外走。经过城门时，守关的兵士看到有僧人混杂在灾民之中，一想到是逃荒的，也没有进行盘问。

玄奘跟随灾民向秦州（今甘肃天水）方向缓缓地走着。在人群中，他遇到了同是僧人的孝达。

孝达是秦州人，两年前，他来长安学习《涅槃经》，如今天逢灾年，他只好返回秦州。孝达早就知道玄奘的大名，他没想到二人竟会这样见面。到秦州后，玄奘休整了一天，孝达热心地为他联系了去兰州的人，以便玄奘搭伴同行。说来也巧，玄奘来到兰州后，又遇到了要送官马回去的凉州（今甘肃武威）人，便跟着一起去了凉州。

长安—秦州—兰州—凉州，玄奘的这一段西行之路极为顺畅。

凉州是河西走廊的大都会，东西方交通的要冲，既连接着西域各国，又是通往张掖、酒泉、敦煌的门户。凉州商业发达，商旅往来络绎不绝。

玄奘在凉州逗留了一个月。一是他需要进一步了解西域诸国的地理气候、风土人情；二是他应允了慧威法师的邀请，要开讲《般若经》。

玄奘游心法海多年，善于辨析义理，他讲经时妙语连珠，令听讲的僧俗大众心花怒放。一传十，十传百，来听玄奘讲经的人越来越多。一些来自西域诸国的商人也前来听讲，并向玄奘供养了不少金银财宝。他们回到自己的国家后，也向国王宣扬了玄奘的德行学养，并报告了他将西行求法的消息。在玄奘西行之前，西域诸国信仰佛教的国王们都已知道他的盛名，已经做好了迎接他到来的准备。

讲经法会结束后，面对堆积如山的财物，玄奘决定将它们分别施送给凉州的寺院。

凡事有利必有弊。玄奘意欲西行的消息，传

到了凉州都督李大亮耳中，他听说有个叫玄奘的僧人，从长安来到这里，想往西去，不知道要干什么。

凉州是大唐西部的镇边雄镇。时值深秋，虽然天高云淡，却又战云密布。大唐军队正暗中积蓄力量，准备随时对突厥发动大规模的军事行动。

李大亮派人暗中调查，确认玄奘没有作奸犯科的记录，只是一个真心修行佛法的僧人，不会是传递情报的奸细。再说，长安一带受灾，朝廷允许百姓外出流动就食，玄奘从长安来到凉州，也没违法。但是，他不能违反朝廷禁令，让玄奘从凉州前往西域。

李大亮派人找来玄奘。

"法师，您来凉州时间不短了吧？凉州大漠黄沙，遍地狼烟，您都看到了吧？这里没有长安好啊！听说最近长安饥荒已经缓解，法师什么时候回去啊？"

玄奘坦率地说："贫僧没想回长安。我计划去天竺取经，探求佛法的真谛。"

李大亮不动声色："法师真是大愿大行！您去

天竺取经，一定已经拿得朝廷允许出关的'过所'（通关文牒）了吧？"

玄奘诚恳地说："贫僧求法心切，匆忙上路，手中并没有'过所'。"他双手合十，低眉敛首："请督帅慈悲。"

李大亮板起面孔，厉声说道："朝廷明令，没有'过所'，任何人不得私自出境！凡偷渡出境者，一旦被抓住，轻则判刑坐牢，重则砍头示众！"说到这儿，他注视着玄奘的眼睛，语气有所缓和："依我看，法师您还是先回长安申请'过所'吧。"

黄沙八百里，
生死一念间

从凉州到瓜州

还好，李都督只是勒令玄奘东返长安，并没有派人押解他。

是返回长安，还是继续西行？玄奘立刻拜见慧威法师。他说，返回长安，心有不甘；继续西行，又有些担心：一旦被捉，要受到严惩，就无法去天竺取经了。

慧威法师默默倾听，没有说话。玄奘也随之沉默下来。

过了一会儿，慧威法师打破了这份静寂，他问玄奘："法师准备何去何从？"

玄奘坚定地说："回禀大师，弟子想试着偷偷西行，先从凉州到瓜州，再找机会出境。"

慧威法师点了点头。

"但是，弟子心里还有一丝顾虑。"玄奘欲言又止。

慧威法师说："但说无妨。你顾虑的，或许老衲有办法呢。"

"弟子誓愿西行，奈何不熟悉前方的道路。"

听了玄奘的话，慧威法师朗声大笑："法师誓愿宏大，老衲随喜赞叹。前方的路，法师不熟悉没关系，我让我的弟子慧琳、道整为你带路，你意下如何？"

玄奘惊喜万分，伏身在地，顶礼致谢。

慧威法师拉起他，小声叮嘱说："李都督虽然没有派人押解你回长安，但是不能确定他不会这样做。既然决意西行，法师不妨早些动身。你们三人结伴西行太过招眼，万万不可大意，最好白天休息，夜间赶路，既避开行人的耳目，也省去盘查的麻烦。"

当天晚上，夜深人静时，玄奘等三人悄悄走出寺院，离开了凉州。

一路昼伏夜行，小心翼翼地走了半个月，三人到达瓜州（今甘肃安西）。

瓜州刺史独孤达是位虔诚的佛教徒，凡有僧人来到瓜州，他都会予以接待，同时布施财物。

听说玄奘来到瓜州，独孤达便前来拜访，他没有问玄奘为什么来瓜州，只是把他当作云游的高僧。

由于在凉州刚刚露出一点口风，就被勒令返回长安，吃一堑长一智，玄奘没有向独孤达透露自己的计划，而是向别人打听西行的路线。

"从瓜州向北走，大约五十余里，就是一条水流湍急、深不可测的大河，名叫瓠卢河。瓠卢河的对岸，就是玉门关，那是西行的必经之路，也是通往西域的咽喉。如果没有通关文牒，是出不了关的。就算侥幸混出关，再向西走，前头还要经过'五烽'——五座以烽火台为核心的边防站。'五烽'各自相距一百里，守烽的将士张弓搭箭，日夜值班，随时会捉拿偷渡出关的人，或者索性将来人乱箭射死。再说，'五烽'之间都是沙漠，没有水草，要平安通过，很不容易。过了'五烽'，再穿越八百里流沙的莫贺延碛（qì，沙漠）（今甘肃安西与新疆哈密之间），就到了伊吾国（今新疆哈密）。"

了解得越多，玄奘越觉得前路迷茫。看来，西行的路途充满了坎坷，不知道有多少艰难困苦在等着他；要偷越边关出境，更是难中之难。

凉州来的通缉令

玄奘无计可施，只好等下去。

没想到，这一等就是一个多月。

道整、慧琳奉慧威法师之命，与玄奘朝夕相伴、昼伏夜行来到瓜州。身体强健的道整见玄奘住了下来，便前来告辞，说："法师，您暂且在瓜州小住，我到敦煌去参访一下。"玄奘见慧琳身体瘦弱，觉得他不堪长途跋涉，就让他回凉州了。

道整、慧琳离开后，玄奘更感孤独。

过了没几天，一路帮玄奘驮随身之物的马，又突然病死了。玄奘更加无助。

紧接着，又传来一个更为紧迫的消息。

凉州都督李大亮不知道玄奘是否返回长安，派人打听他的下落。得知玄奘违命西行，李大亮勃然大怒，于是下发"访牒"（通缉令），命令西路各州县严阵以待，务必将玄奘缉拿归案。

凉州来的通缉令下发到瓜州刺史府，先送到州吏李昌的手中。李昌隐约感觉到访牒中所说的玄奘，就是刺史独孤达热情接待的僧人。他略一思忖，没有将访牒送呈刺史大人，而是前来拜访玄奘。

李昌指着访牒上的字"有僧字玄奘，欲入西蕃，所在州县宜严候捉"问道："法师，您不是这个人吧？"

玄奘一听，就明白了李昌话中的弦外之音。他想，若如实作答，一定会被当作通缉犯遣返回长安；若不承认，又违背了"僧人不打妄语"的戒律。答与不答，两头为难，玄奘索性闭口不语。

李昌见此情景，心中更加雪亮，他说："法师，您不必多虑，我也是佛教徒，希望能帮到您。您和我实话实说吧，假如访牒上通缉的人是您，我会替您想办法的！"

李昌的话，打消了玄奘心头的顾虑，他不再隐瞒，将自己西行求法的打算如实相告，顺带提及在凉州的遭遇以及来瓜州的经过。

　　玄奘西行求法的大愿大行，令李昌极为钦佩，他说："原来如此，法师，让我来帮助您吧！"说着，他三把两把将访牒撕毁，扔到火盆中烧了。"法师，我这样做，只能保得一时，无法保得长久，您要及早考虑动身西行。"

　　说罢，李昌告辞而去。

　　李昌的帮助，令玄奘心生感念。但在李昌走后，他却坐卧难安。

　　不及时离开瓜州，被缉拿归案是迟早的事。然而，前方的道路却比从凉州到瓜州更加严酷，如果没有引路的人，贸然前行就等于送死。

　　玄奘别无选择，他走进寺院的大殿里，对着殿中央的弥勒菩萨像，伏身、起身、伏身、起身……不停地礼拜，汗流浃背也不歇息。

　　他一心祈请菩萨给予加持，让能为他引路的人尽快出现。

胡人石槃陀

玄奘拜佛时，忽然有一个胡人从大殿外走了进来，他好奇地看着玄奘拜佛，后来又跟着玄奘走了两三圈。

这个胡人举动怪异，玄奘便问他姓名。

胡人说："我叫石槃陀。"

玄奘又问："你为何要跟着我？"

石槃陀说："法师，我想学佛，您能不能为我授五戒？"

玄奘一听石槃陀有向佛之心，当即慈悲地答应下来，为他传授了在家佛教徒所应遵守的最基础的五条戒律（简称"五戒"）：一、不杀生；二、不偷盗；三、不邪淫；四、不妄语；五、不饮酒。

受戒之后，石槃陀非常欢喜地告辞了。过了不久，石槃陀又回来找玄奘，带来许多饼果作为供养。

玄奘见他身体强健，相貌恭顺，便有意请他带路。玄奘说了自己当下的苦恼，石槃陀拍着胸脯说："法师，您不用担心，'五烽'之间的路，我往返过多次。我来送您过去好了。"

玄奘说:"那太好了。"他当即再次礼拜殿中的菩萨,表达感恩之心。他对石槃陀说:"我随行的马病死了,你能否帮我买一匹马?"

第二天傍晚,石槃陀来见玄奘,和他同来的,还有一位老胡翁,牵着一匹又瘦又老的红马。

石盘槃说:"法师,这位老翁往来伊吾国三十多趟,非常熟悉道路,您可以向他请教西行之事。"

老翁说:"西行的路非常险恶,沙河阻隔,鬼魅热风难以阻挡。以前很多人结伴同行,尚且迷失,何况您独身一人?您最好不要以身试险!"

玄奘听后不免心情沉重,但他坚定地说:"为了学习佛法,不到天竺,我誓不东回。纵然客死他乡,我也决不后悔。"

老翁说:"如您一定要去,就骑着我这匹老马吧。别看它又瘦又老,它可是跟着我往返伊吾十多趟了,是一匹识途的老马,并且稳健有力。"

当天晚上,玄奘和石槃陀在夜色掩映下出发了。约三更时分,他们来到瓠卢河边,在黯淡的星光下,远远地看见了玉门关。他们溯流而上,来到上游河床最窄处，过了河。

出了玉门关，玄奘很欢喜，但也累了，于是就地休息。朦胧的夜色中，他看到石槃陀忽然起身，手握钢刀朝他慢慢走来，距离十几步时又徘徊。玄奘不知他什么意思，便起身禅坐，称念观音菩萨。石槃陀见此，便回去躺下睡觉了。

次日清早，石槃陀对玄奘说："法师，弟子昨夜左思右想，觉得此去凶多吉少，咱们还是回去吧！"

玄奘说："你回去吧。我要去天竺。"

石槃陀不答应，拿刀逼着玄奘往回走，又哀求说："法师，如果官府知道是我送您出关，我一定难逃王法。我家里还有妻子儿女，您还是和我一起回去吧。"

玄奘说："如果你顾虑这一点，那就放心吧。诸佛菩萨作证，弟子玄奘假使被捉住，纵然身体碎为微尘，也不会提及你。"

目送石槃陀的背影远去，玄奘重又孑然一身。他独自前行八十多里，远远望见了第一座烽火台。为免被烽火台上的守兵发现行踪，玄奘藏身沙沟，静待天黑。

天色终于暗了下来。玄奘小心翼翼地牵着马来到烽火台西侧有水草的地方，人马喝足了水。他取下水囊正要装水时，"嗖"，一支利箭破空而来，斜插在他腿边的地面上，箭杆上的尾羽摇摇晃晃。

玄奘一惊，心想："不好，被发现了！"这时，又有一支箭飞来，射落了他手中的水囊。玄奘抬起头对着烽火台大喊道："不要再射箭啦！我是长安来的和尚。"

《心经》的力量

玄奘牵着马走向烽火台。

守兵一看，来者是一位眉清目秀的僧人，便开门放了他进去，带他来见烽火台的守将校尉王祥。

王校尉盘问说："你一个和尚为什么要在深夜来这里？"

玄奘不答反问："校尉，您可曾听凉州人说过有位僧人玄奘要去天竺求法的事吗？"

王校尉说："听说过。我也听说他已经回长安了，怎么会来这里？"

看了玄奘从经箧里取出的章疏和姓名，王祥确信眼前的僧人就是玄奘。他劝说道："从这里到天竺，路途遥远，艰难险阻甚多，您恐怕到不了。再说，弟子职责所在，不能放您偷渡出境。"

玄奘沉默不语。

王祥又说："弟子是敦煌人，可以把您送到敦煌去。那里的法师们一定会欢迎您的。法师，您想想，与其死在途中，不如听从我的建议。"

玄奘摇了摇头："我自幼听闻佛法，在洛阳、长安、蜀地亲近过多位大德高僧，今日也有些声名。只因中土经书不全，义理有缺，我才不惜性命，矢志西行，学习佛法。如果不放我走，任凭您施加刑罚，我也决不东移一步，违背自己的本愿。"

玄奘为法忘躯的赤诚之心，深深感动了王祥，他说："作为佛教徒，我有幸遇到您，怎能不支持您西行求法呢？"随即，王祥安顿玄奘住下休息。

第二天一早，王祥为玄奘准备了水和干粮，还亲自送他向西走了十多里路。临别，王祥给玄奘指了一条直达第四烽的便路，他说："第四烽的守将王伯陇是我的族人，法师只消跟他说是我叮嘱您去找他的，他绝不会为难您。"

当天晚上，玄奘来到第四烽。守将王伯陇一听说玄奘是王祥介绍来的，立刻安排了食宿。

次日清晨，王伯陇为玄奘准备了粮草食物，提醒他说："法师，第五烽的守将性格粗暴，恐怕对您不利。您最好绕道而行。从这里往西一百里开外有个野马泉，您可以到那里补充给养。再往前走，就是莫贺延碛，那是西行途中最艰苦的一段。出了莫贺延碛，就是伊吾国了。"

王伯陇也陪玄奘走了一段路，分手时，他送给玄奘一只装满水的大皮囊，他特别叮嘱说："在沙漠中，没有水就没有命。法师，一定要看护好这个水囊。"

离开第四烽，玄奘一个人孤零零地走进了长约八百多里的莫贺延碛。

这片浩瀚无垠的沙漠，果然寸草不生，上不见飞鸟，下不见走兽。幸亏那匹老马识途，它默默地带着玄奘往前走，从白天走到夜晚，从黑夜走进黎明。

白昼时，狂风挟着沙砾席卷而来，令人睁不开眼睛，呼吸都很困难。夜深处，鬼火闪烁如繁星，魑魅魍魉（chī mèi wǎng liǎng），形状恐怖，前后跟随。有时，玄奘高声称念观音菩萨的名字，那些幻影应声消失。有时，无论玄奘怎么念，那些幻影一直环绕在他身边。

遇到这样的情景时，玄奘就在沙丘上禅坐，念诵《心经》。依靠《心经》的支撑，玄奘变得无所畏惧。在玄奘念诵《心经》的声音里，那些转动的幻影渐渐销声匿迹。

这卷《心经》，和玄奘格外有缘。当年，玄奘在蜀地益州参学时，空慧寺来了一个天竺病僧。他的衣服又脏又破，身上还长满脓疮。其他人感觉臭不可闻，掩鼻而过，玄奘却不嫌弃，对他细心照料，直到痊愈。天竺僧人传授给玄奘这卷《般若心经》，并叮嘱他"如遇危难，诵读此经，即可得免"。

黑夜过去，黎明到来。玄奘和老马继续前行。

出现在他视野里的，除了黄沙，还是黄沙，不知道哪里会是路的尽头。没有风，漫漫黄沙营构出的平静，渐渐延展为无边的枯寂，隐隐之中传递出死亡的气息，恐惧的心理油然而生，玄奘赶紧默念观音菩萨的名字。

如果不是坚信观音菩萨一直和自己在一起，玄奘不知道双脚该迈向何方。

宁可西进而死

脚下的细沙，软得陷及脚背。按着王伯陇所说的路线往前走，玄奘遇到了一两个浅洼处，但只是貌似河道而已，那里依然黄沙漫漫，一滴水都没有。玄奘一直没找到传说中的野马泉，"可能是弄错了方向，或者迷了路吧"，他不免有些焦急。

焦渴难耐，玄奘打开水囊准备喝两口水，一不小心，水囊掉到了地上。他赶紧弯腰去捡，身手还是慢了，水囊里的水已经被黄沙喝得一滴不剩。

他想起王伯陇的话，"在沙漠中，没有水就没有命"。不得已，玄奘只好掉头往回走，他想回第

玄奘和老马在莫贺延碛艰难跋涉。

四烽取水，然后再向西行。可是，走了没多远，玄奘停下了脚步，他想起了自己的誓愿："宁可西进而死，绝不东归而生。"

玄奘自问："为什么遇到这么一丁点儿的挫折，就想走回头路呢？"于是，他又振作精神，掉转马头，也不顾水囊里没水，就这样一心念着观音菩萨的名字，继续向西北前进。

有些人不会轻率地自甘去冒险，但假如危险临头时，却能以泰然自若的冷静态度去应对。玄奘就是这样的人。

在沙漠中摸索着往前走，玄奘以一堆堆的朽骨或者马粪作为路标。忽然，沙漠中大风陡起，沙层像海浪一样迎面扑来，人无法分辨东西南北。玄奘恍惚间看见沙尘暴中出现了一队军旅，数百胡人骑着驼马，忽进忽停，千变万化。玄奘以为遇上了盗贼，正焦虑不安时，他听空中有个声音说："不用怕！"

可是，没有水喝，毕竟不是人和马所能忍受的。五天四夜滴水未进，玄奘五内焦躁，双唇皲裂，全身发烫，头晕目眩，倒卧在地，奄奄一息。

玄奘一心称念观音菩萨的名字，他恳切地说："弟子玄奘此行去天竺，不是为求取财富及名誉，只为求得究竟的佛法。观音菩萨，您一直慈念众生，寻声救苦，消除灾厄，为众生提供帮助。现在弟子正在受苦，您不会不知道吧？"祈请未了，玄奘昏死过去。

　　醒来时，四周一片黑暗。忽然有一阵凉风吹过来，玄奘感觉身体清爽了很多。那匹老马已经从沙地上站了起来，用嘴巴不停地拱他的手臂。

　　他起身上马继续前行。大约往前走了十里路，老马突然一反常态，发疯似的向前狂奔，怎么勒也勒不住。老马一口气跑了几里路才停下来，眼前的景象，玄奘简直不敢相信！

　　眼前出现了一片草地，草地中间是一池清水，池水清澈得像一面镜子，波光粼粼的月光像闪闪发亮的珍珠。饥渴了好几天的玄奘，使劲地掐了掐自己的脸，哇！好痛！他欣喜地跑到池边痛饮了一番。

　　玄奘在水草地安静舒适地休息了一天，他把皮囊装满水，又为老马割了一些青草。接下来，又走了两天，终于走出了莫贺延碛。

一天清晨，居住在沙漠边缘的居民看到一人一马从沙漠深处走来，异常惊讶。他们以为看到了幻影，使劲地揉了揉眼睛。尤其是听玄奘说沙漠中有水草地，当地人更是不住地摇头："沙漠中有水草地？我们祖祖辈辈都在这里，从没听说过！"

玄奘听了，立刻双手合十，感念观音菩萨的慈悲。

绝食高昌国

夜抵高昌

抵达伊吾（今新疆哈密）后，玄奘到城内一古刹挂单住下。

寺里有三位汉僧，其中一位年纪最大的老僧，听说来了一位大唐的和尚，高兴地披着衣服光着脚跑出来迎接，鞋子都没顾上穿。

见到玄奘，老僧悲欣交集，一把抱住他，哽咽地说："能见到您，我太高兴了。我没想到在有生之年还能见到故乡来的人！"

老僧饱含深情的话，玄奘听后很是感慨，想到自己在莫贺延碛生死一线之间的艰辛，他也禁不住哭泣起来。

玄奘在凉州讲经时引起轰动，他西行求法的消息，早已传遍西域各国，因此，他一到伊吾，所在的寺庙就变得热闹起来。各方道俗人等争相前来参礼，邀请玄奘接受供养。伊吾王听说后也亲自前来拜见，并迎请玄奘入宫接受供养。

与伊吾相邻的高昌国，国王麴（qū）文泰知道玄奘西行的消息后，早早地派了使者在伊吾恭候。玄奘到达伊吾后，高昌专使就飞马回高昌禀报国王。

麴文泰一面派人与伊吾王沟通，请他派人送玄奘来高昌，一面选备了数十匹上乘骏马，派遣重臣，来迎请玄奘前往高昌。

玄奘在伊吾休整了十几天，这时，高昌国迎请的队伍就到了。

在唐朝，丝绸之路分为三条：北道、中道和南道。北道的路线为：伊吾—天山—蒲类海（今新疆巴里坤湖）—铁勒部—突厥可汗庭；中道的路线为：高昌—焉耆—龟兹（今新疆库车）—疏勒（今新疆疏勒）—葱岭；南道的路线为：鄯善—于阗

（今新疆和田）—葱岭。

玄奘为躲避关卡，是沿北道和中道交叉而行的。来到伊吾，玄奘打算休整数日继续向西北前进，经西突厥的可汗浮图城（今新疆吉木萨尔），直奔其王庭所在地千泉（即屏聿，在今吉尔吉斯山脉北麓），寻求统叶护的庇护以顺利抵达天竺。在他的西行计划中，不经过高昌国。

高昌特使前来转达了国王麴文泰恳切礼请之意，盛情难却，玄奘只好改变行程，经由北道改向南行，进入高昌。

前有高昌国特使引路，后有伊吾国人马送行。已经习惯孤身独行的玄奘，被簇拥在浩浩荡荡的队伍中，倒有些不适应呢。

一行人走了六天，来到高昌边界的白力城（今新疆鄯善）。看到夜幕渐浓，玄奘提出入城休息，次日再走。迎请的特使与大臣恳切地说："白力城距离王城已经不远了，我们的国王对您仰慕已久，他急切地盼望见到您。恳请法师慈悲，继续前行。"

玄奘一听，也不忍予以拒绝，只好随同众人连夜赶路。

当晚三更时分，一行人来到高昌王城（今新疆吐鲁番）。麴文泰下令大开城门，迎接玄奘进城。麴文泰出城迎接，恭敬上前，搀扶玄奘下马，换乘了一顶华贵精致的轿子。

城门两侧，整齐地站立着侍从及宫女，众人前后执烛，随同玄奘入城。虽已夜深，高昌城内，却灯烛通明，亮如白昼。

玄奘来到王宫后院的重阁，在宝帐中落座。麴文泰上前顶礼，随后，王妃上前礼拜。

麴文泰恭敬地以"弟子"相称，他说："弟子自从听到法师西行的消息后，就欣喜渴慕，日夜期待与您相见。得知法师今晚可以到达，弟子与后妃通宵未眠，焚香读经，恭候法驾。"

双方谈论到东方欲晓，麴文泰与王妃才回宫就寝。临别，他安排了数位近侍留下来服侍玄奘休息。

麴文泰恭敬虔诚的态度，让玄奘深受感动。

高昌王的威胁

第二天一早，玄奘还在休息时，麴文泰与王妃已在门外恭候。

麴文泰陪同玄奘来到王宫附近的寺院住下，安排武士护卫，又派专人服侍，并请年高德劭、国王最为尊敬的王法师陪伴玄奘起居。

王法师与玄奘交流时，委婉地转达了国王麴文泰的想法，希望玄奘不要去天竺了，长住高昌，弘扬佛法。

麴文泰想把玄奘留在高昌，有两方面的考虑。

一是高昌佛教盛行，麴文泰想通过玄奘弘法来祈福护国。高昌国作为在西突厥与大唐夹缝中求生存的弹丸小国，对佛教的实用主义需求尤为迫切。

二是隋大业年间，麴文泰曾以高昌王子的身份游历过长安、洛阳以及河北、山西等地，他想建立一个类似中原的独立王国，玄奘如能留下来，可以帮助他实施这一计划。

玄奘婉言拒绝。

玄奘在高昌停留了十数天。每天，麴文泰都前来拜见，交谈时，他对玄奘的去留，却只字不提。

一天，玄奘向麴文泰提出辞行时，麴文泰试探地问："弟子曾托人劝请您留在这里，法师意下如何？"

"大王的恩宠，我铭感于心，但因有违初心，恕难从命，请大王见谅！"玄奘恳切地说。

麴文泰说："弟子结识不少名僧大德，从未曾生出对法师这样的敬仰心。见到法师后，弟子心生欢喜，想供养法师一生。法师从此不必再受劳顿，留下来做高昌国的国师，讲经说法，度化众生吧。"

玄奘答谢说："愧对大王的厚爱，我深感德行浅薄，不能胜任。我西行求法，不是为了获得供养，我感念的是中原佛法尚不具足。天竺是佛法的源头、佛陀的家乡，那里有殊胜的能解脱众生烦恼的大乘经典。作为僧人，我发愿要把最无上的佛法智慧引入大唐。恳请大王慈悲，以众生利益为怀。"

听了玄奘的话，麴文泰快快不乐，他稍微停顿了一下说："弟子敬仰法师，一旦说出，志向就不会改变，法师，请相信弟子的诚意。"

玄奘说："大王的心意，我早已知道。但我此行只为求得殊胜的佛法真理。驻足高昌，真理未得，我的誓愿岂不半途而废？大王，您过去世世代代修福，因此今生贵为国主。难道仅仅是老百姓依靠您这个国王吗？不，其实连佛法的弘扬也要凭靠您啊！对我西行求法的事，您应该予以支持，不应该劝阻啊。"

麹文泰再次申明："法师，您言重了。弟子不敢阻挠，只是想请法师留在高昌指引迷途的众生。"

无论麹文泰说什么，玄奘始终不改初心。

屡遭拒绝，麹文泰发怒了，他脸色一沉，提起衣襟，厉声说："法师，您现在身在高昌，没有我的许可，您是不可能去天竺求法的！要么留在高昌，要么我派人送您回大唐，请您三思。弟子觉得，您还是留在高昌好一些！"

面对气势汹汹的麹文泰，玄奘依然面色平和，他坚定地说："我西去天竺，是为求得究竟的佛法，如今大王您定要相留，我也没有办法。大王，如果您想留下我，恐怕只能留下我这身体，我西行求法的心，您是留不住的！"

绝食高昌国

　　麹文泰把玄奘软禁起来，每天命人送上美食，只字不提放行的事。他以为自己软硬兼施，玄奘早晚会接受他的条件。

　　此时，玄奘身处两难之境，答应高昌王的要求留下来，就违背了自己西行求法的誓愿；不答应，就会被送回大唐。无论答应还是不答应，西行求法的事都无法再继续下去了。

　　玄奘做出了一个令人意想不到的举动——绝食。

　　麹文泰没有想到，他每日差人奉上的美食，都被原封不动端了回来。他暗自冷笑，心想："法师这样做，无非是以绝食的方式和我较量。我倒要看看，你能绝食多久！"

　　第三天傍晚，王法师面带忧虑地说："大王，玄奘三日粒米未进。他不但不吃饭，连水也不喝一口。这样下去，恐怕……"

　　麹文泰摆了摆手，没有让王法师再说下去。但

玄奘在高昌国受到国王的威胁，绝食明志。

王法师的话，在他的心中却掀起了层层的波澜。怎么办？是维护国王的权威，即便逼死玄奘也在所不惜？还是放弃国王的尊严，承认玄奘的胜利？他实在委决不下。

第四天，麴文泰亲自为玄奘送来食盒。他走进房间时，看到玄奘禅坐的身影就像一尊石雕的佛像。

玄奘双目微闭，禅坐床上，安稳如山。麴文泰恭敬地用银匙盛起食物，送至玄奘唇边："法师，请进食吧。"

玄奘一动不动。

看到玄奘气息渐微，奄奄一息，麴文泰深感懊悔，他向玄奘顶礼谢罪说："法师，请进食吧！弟子知错了，我收回成命，任凭法师西行求法。请您早日进食。"

玄奘不知道麴文泰这样说，是真心答应，还是缓兵之计，他担心自己一旦恢复饮食之后，麴文泰又马上反悔，便用微弱的声音说："大王，请您指着太阳发誓，所言不虚。"

麴文泰说："法师，如需发誓，请到佛前共结因缘。"

对于佛教徒来说，在佛像面前发誓，显然比指日发誓要郑重得多。于是，玄奘起身，在麴文泰的搀扶下，来到大殿中。

在王宫中，玄奘绝食数日，成为众人关注的一件大事。如今，烟消云散，雨过天晴，众人纷纷涌进寺院。麴文泰的母亲张太妃也闻讯而来。

麴文泰当着母亲的面，提出与玄奘共结金兰之盟，从此以兄弟相称，并表示会支持玄奘西行求法。

麴文泰恭敬地对玄奘说："法师，您日后求法归来时，请务必绕道高昌，留住三年，接受供养。法师将来成佛，愿我继续做您的护法，就像当年护持佛陀的波斯匿王、频婆娑罗王那样。"

玄奘连声称谢。

麴文泰又说："法师，在您临行前，能否屈尊在高昌再留住一个月，讲授《仁王般若经》，也好方便我们为法师置办远行所需的行装。"

玄奘点头应允。张太妃也非常欢喜，愿与玄奘结为眷属，请玄奘为麴家世代引度。

当天，玄奘恢复了进餐。

"御弟"西行

《仁王般若经》,相传是释迦牟尼为当时天竺十六大国国王所说的教法,被认为是护国经典。受持讲说此经,可以护佑国家风调雨顺,灾害不生,社会和谐,万民安乐。

张太妃请玄奘讲此经,意在为高昌国禳灾祈福。

玄奘每天开讲之前,麴文泰都亲自手执香炉,走在前面引路。依据佛教的传统,法师讲经时需要在高处的座位盘腿禅坐。玄奘登座时,麴文泰会屈膝跪在地,以身体当台阶,让玄奘踩着他的身体上座。

一个月过去,讲经法会也到了结束的时候,麴文泰为玄奘置办的行装也准备好了。

麴文泰为玄奘考虑得非常周全,准备的物品有:"法衣",三十套里里外外的整套僧衣;"手衣"(手套);"袜",不是普通的,是能保暖、能防虫,可用于长途跋涉的;"面衣",保护脸部抵御风沙的;以及"黄金一百两,银钱三万枚,绫及绢等五百匹",作为玄奘往返二十年的花费。

此外，还准备了马三十四、运夫二十五人，随行提供服务，还请玄奘剃度了四个沙弥作为侍从。

麹文泰准备的行装优厚且周全，即便是同胞兄弟也不过如此。《西游记》中的玄奘与唐太宗结为兄弟并奉诏西行等情节，或许多少受到了高昌王麹文泰与玄奘结拜兄弟这件事的启发吧。

麹文泰还另外写了二十四封书信，给玄奘西行路途中要经过的二十四个国家的国王，请求各国国王给他的弟弟玄奘西行求法提供必要的帮助。每一封信都附"大绫"（高级丝织品）一匹作为信物。

在给统叶护可汗的信中，麹文泰写道："玄奘法师是我弟弟，打算去婆罗门国（印度的另一叫法）求法，愿可汗照顾法师如同照顾我一样，还请可汗敕令以西各国供给法师驿马，递送出境。不胜感谢！"

当时，西突厥统叶护可汗的势力遍及雪山以北各地，玄奘去印度，需要得到他的帮助，因此麹文泰特意派遣一位名叫欢信的殿中侍御史，一路护送玄奘到统叶护可汗廷。

玄奘十二岁时父母双亡，被迫随二哥栖身佛

门，伴着一盏青灯，数尊古佛，过着清苦孤寂的生活。之后，又四海为家，飘零至今，他何曾享受过这种亲情？

玄奘的心原本如无波的古井，此刻却被麴文泰感动了，他写下《启谢高昌王表》，诚挚地表达谢意。

玄奘说："高昌国的交河水虽然深广，不及大王的恩义深；葱岭的重量，比不上大王的恩德重。玄奘一定不负大王重恩，到天竺圣地参访求法。学成之后，回归东土，广为传播真正的佛法。我无法回报大王的重恩，只能以速速启程早日归来作为回报。"

麴文泰收到玄奘的谢启后说："法师，你我既然结为兄弟，高昌国的积蓄，是我与法师共有的，您何必要说感谢的话呢？"

第二天，玄奘从高昌出发西行，麴文泰和诸僧、大臣、百姓等倾城而出，送到城西。他不顾国王的身份和威仪，抱住玄奘大放悲声。

玄奘一行从高昌出发西行。

阿耆尼国遭冷遇

队伍继续向西前进。玄奘所走路线，基本是丝绸之路的中道，过高昌国境后，进入阿耆尼国（今新疆焉耆）境。

一天下午，玄奘一行走到银山附近，遭遇强盗。他们主动交出一些财物，强盗拿了财物散去了。当天晚上，一行人驻扎在红沙山崖下的阿父师泉旁休息。

阿父师泉是从半山腰处渗流而出的一眼泉。传说，一群来自西方的商人，因为缺水，危在旦夕。随行一位僧人说可以为商人们找水，前提是他们从此要学习佛法。为了活命，商人们皈依成为佛门在家弟子。僧人上山寻水，不多时，泉水从山间涌出，商人们得以活命。然而，寻水的僧人却没能回来，而是坐在山岩上圆寂了。商人们依据西域风俗，在僧人坐化处聚石建塔。从此，来往于丝路的商旅，都来阿父师泉补水，此处泉水很神奇，多需多出，少需少出，从未枯竭。

玄奘听闻这一往事，寻到僧人塔，顶礼三拜。

在玄奘一行人驻扎休息时，又来了十几个返回西域的商人。本来约好次日同行，次日天光未亮时，这十几个商人没打招呼，就提前出发了。他们走出不过十几里，就被盗贼劫杀，无一得脱。等玄奘一行赶到时，只见商人们横尸路畔，财物被洗劫一空。玄奘慨叹人生无常，为他们诵经做了超度，又与众人一起将商人们的尸首掩埋了。

往前不远，阿耆尼国的王城在望。听说玄奘西行求法经过本国，国王与诸大臣出城相迎。玄奘一行带了很多马。马走到阿耆尼国时，已经很疲劳了，需要换几十匹精力充沛的马，继续前行。玄奘提出换马的请求，阿耆尼国王满口答应。

玄奘想起，高昌王麴文泰为沿途的国王准备了二十四封信，于是取出一封恭敬地呈给阿耆尼王。他没料到，阿耆尼王打开信一看，竟然脸色大变。

原来，高昌国经常侵扰阿耆尼国，动不动就派兵来这个国家抢劫。两国素有嫌隙。麴文泰准备这些信时，一心一意要为玄奘开路，忘了这些纠葛。

看过高昌王的信，阿耆尼国王说什么也不愿提供补给的马匹了。

历史上真实的玄奘是一个非常智慧，有超凡的观察力、判断力的人，绝非像《西游记》中所说的那样。面对态度迥异的阿耆尼国王，玄奘识趣而退。他知道，以他个人的力量，无法调和阿耆尼国与高昌国之间的恩恩怨怨。

阿耆尼王城内有十几所寺院。玄奘一行留住一宿，次日便早早动身离开了。

继续西行四日，渡过了两条大河，又行走了数百里，一行人马进入龟兹国（今新疆库车）境内。

辩经龟兹国

龟兹是当时丝绸之路上的重镇，比阿耆尼国要大得多。受印度影响，龟兹流行歌舞伎乐，女人能歌善舞。

玄奘一行人马将近王城时，国王苏伐叠率领群臣及高僧木叉毱多已恭候在王城东门外。玄奘一到，一位年轻俊秀的僧人捧着一盘鲜花敬献上来。玄奘双手合十，恭敬地接受，手捧花盘，敬献在佛像前。

进入城内，直入寺院。王城内塔寺众多，建筑庄严，佛像高大，装饰辉煌。将玄奘一行安顿在王城中最大的寺院——阿奢理儿寺——休息，苏伐叠便先行告退了。

次日，苏伐叠在王宫设宴，欢迎玄奘。在宴会上，苏伐叠发现，高僧木叉毱多尽情享受饭菜中的肉食，玄奘却只拣食肉边的蔬菜。他大为不解。

龟兹国盛行小乘佛教，依据小乘佛教的《四分律》《十诵律》等，僧人可以食用"三净肉"。所谓"三净"，一是我眼不见其杀，二是没有听说是为我而杀，三是没有为我而杀的嫌疑。满足这些条件的，就是"净肉"，僧人也可以食用。

玄奘解释说："汉传佛教地区，依据《涅槃经》《梵网经》《楞伽经》等大乘经典，明确要求僧人禁断一切肉食。僧人以素食为生活定制。因此，我不能食荤破戒。"

苏伐叠这才知道，佛法中还有大小乘，并且有各自不同的生活习惯。他赶紧命人重新为玄奘准备素食。

午斋过后，苏伐叠陪同玄奘回到龟兹国第一高僧木叉毱多住持的阿奢理儿寺。木叉毱多曾在天竺游学二十余年，对佛学很有研究。

木叉毱多只是出于礼貌接待玄奘，并不认为玄奘有什么佛学造诣，他说："《杂心论》《俱舍论》《毗婆沙论》等经典，龟兹国都有，你留在这里学习就足够了，不必再西行求法，备受跋山涉水的艰辛。"

木叉毱多提到的小乘佛教说一切有部的经典，玄奘都很熟悉，因此，他问："大师，龟兹国有没有《瑜伽师地论》？"

木叉毱多一听，毫不客气地说："法师，你何必提及这种充满邪见的书？真正的佛弟子哪有学这本书的？"

在印度，佛教的大小乘之间的论争也是非常激烈的。大乘佛教将部派佛教贬为"小乘"，这里的"小"，有贬义。部派佛教则以"大乘非佛说"之论与大乘相抗拒，宣称大乘经典并非是释迦佛陀所宣说。

玄奘反驳说："《毗婆沙论》《俱舍论》这些典

籍，大唐也有，我只是嫌其义理疏浅，不是究竟之谈，所以才发愿西行求学《瑜伽师地论》。况且，《瑜伽师地论》是未来佛弥勒菩萨所宣说的，您说是邪书，不怕堕入无底地狱吗？"

木叉毱多虽然认同弥勒菩萨是未来佛，但拒绝承认《瑜伽师地论》为其所说。为了不在这个问题上纠缠，他换了一个话题说："大唐来的年轻法师，你说《毗婆沙论》《俱舍论》不够高深，是没有弄明白吧？"

玄奘反问："您都懂？"

木叉毱多充满信心地说："我都懂。"

于是，玄奘马上引用《俱舍论》的开头部分提出问题。结果，木叉毱多一开口回答就错了。玄奘进一步追问，木叉毱多还是讲不通。他脸色大变，说："你再问其他的问题！"玄奘另举了一段，木叉毱多还是讲不通，他干脆说："你说的这一段文字，不是《俱舍论》中的。"

阿奢理儿寺的僧人智月，是龟兹国王苏伐叠的叔父，他当时坐在一旁。他提醒木叉毱多，玄奘所说的经文，确实出自《俱舍论》，智月还拿出经书指给大家看。

木叉毱多无话可说，他自我解嘲地说："我年纪大了，记不清了。"

虽然辩倒了龟兹国的第一高僧，玄奘并没有感到高兴，反而非常失望。

本来打算休整几天继续西行，但因天山的山路为大雪所封，无法前进，玄奘一行只好在龟兹停留了两个多月。

大雪山历险记

历险大雪山

大雪过后，山道开始畅通，也到了玄奘离开龟兹国的时候。国王苏伐叠也给玄奘拨付了许多劳力、驼马，并率领群臣、众僧等出城相送。

西域诸国都是绿洲国家，但是从一个国家到另一个国家之间，往往会有几百里无水无草的荒漠，而这些地方基本上都是无人管辖的地区，经常会遇到盗贼。

玄奘一行人又踏上西行之路，刚走了两天，就遇上了一伙强盗。这是一伙突厥强盗，有两千多人，而且还都骑着马。一方是兵强马壮、虎视眈眈的悍匪，一方是带着大笔盘缠的玄奘一行。

这些强盗有备而来，知道玄奘一行携带甚丰。他们人多势众，根本不把玄奘他们放在眼里，觉得势如探囊取物，也就没有急于下手。

两三个头领聚在一起商量财物到手后的分赃方案时，产生了分歧，先是大声争吵，继而动手打了起来。强盗们分成三派，越打越激烈，后来你追我赶，竟然离玄奘一行越来越远。

玄奘等人侥幸逃过一劫，保全了性命和财物。

继续前行六百里，穿过一片小沙漠，来到跋禄迦国（今新疆阿克苏一带）。停留一宿，又向西北行走了三百多里，一行人来到天山脚下。

天山的冷酷与龟兹国王的热情，形成了鲜明对比，玄奘又一次感受到大自然的残酷和无情。

天山位于葱岭北隅，山势险峻，高耸云天，自古以来，冰雪所聚，积而成冰，春夏不消，凝冻成片，与白云相连接。站在山下仰望时，只见天高处一片白雪皑皑，根本分不清哪里是云、哪里是雪。山上时有冰峰崩落，横七竖八地堆积在路侧，有的高达百尺，有的宽广数丈，以至山路崎岖，行人通过，须或绕或爬，艰险异常。

日落时分，太阳沉到雪山背后，露出峥嵘雄劲的山峰。后来，整个雪山遮住了太阳，太阳则把较高的山巅染红了。这些山巅像巨人一样，气势汹汹地俯视着在山间行走的玄奘一行。山上风大，一阵凛冽的风刮过来，带着雪粒子，打在脸上，隔着面纱，仍然打得脸颊和下颌生疼。玄奘一行虽然穿着很厚，仍然不免瑟瑟发抖。

白天，烧水煮饭只能悬锅而炊。晚上休息时，也找不到一块干燥的地方，只能把毛毡铺在冰雪上，将就着侧身躺下。

山路为积雪覆盖，另一侧就是悬崖峭壁。有时山高处的大团雪块被风吹落下来，有时脚下的冰层忽然断裂，前行的每一步都充满风险。一行人中，有人被狂风刮下山崖，有人掉进深不见底的冰洞，有人被风雪无情地冻死在路上。

在雪山中行走了七天七夜，玄奘一行终于来到山下。清点队伍时，玄奘发现随从冻饿而死的十有三四，牛马死亡更多。

巧遇西突厥之王

从冰天雪地的天山下来后，玄奘一行到达热海（今吉尔吉斯斯坦伊塞克湖），稍作休整，又从热海湖岸向西北行进。热海是个内陆湖，冬季也不结冰，周长一千四百多里，东西长而南北狭，烟波浩渺，一望无际，不待风起而洪波数丈。行至碎叶城（今吉尔吉斯斯坦的阿克别西姆城）时，遇到了游猎的西突厥之王统叶护可汗。

玄奘一行之所以没有经疏勒西行而北逾天山，目的就是想到西突厥王廷寻求统叶护可汗的庇护。

可汗知道玄奘要去天竺求法，高兴地说："我现在要到远处狩猎，过两三天就会回来，请法师先到我的衙帐休息。"随即，他派一位近臣护送玄奘过去。

两三天后，可汗狩猎归来，立刻派人引玄奘来可汗所居的大帐。大帐以金花作装饰，灿烂夺目。在帐前铺好的长席上，身穿锦衣的突厥官员排成两行，等候玄奘到来。玄奘离大帐三十来步时，可汗走出大帐迎拜，传话慰问，请入大帐。

西突厥原本信仰拜火教，为表达对火神的尊重，不设床桌，因为木器含火，坐在上面有亵渎神明之处。西突厥人直接在地上铺上垫子，席地而坐。为示尊重，可汗为玄奘准备了一把铁交椅，上面铺着舒适的垫子。这时，高昌使者进帐，递交国书与信物。可汗一一过目后，高兴地宣布，宴会开始。众人饮酒食肉，可汗为玄奘奉上了饼饭、酥乳、石蜜、葡萄之类。

欢迎宴会结束后，可汗请玄奘为大家讲解佛法。趁可汗高兴，玄奘宣讲了佛家爱惜物命、护生得福，以及怎样出离生死轮回、获得解脱等道理。可汗听了不停地点头，并不时以手加额，表示认可。

可汗说："法师，您讲得太好了，就在本国留下来吧，不必再西行了。您不知道，天竺那个地方天气炎热，十月里热得跟这里的五月一样。"可汗抬头打量了玄奘一番，幽默地说："我看您的相貌，到天竺怕是会被太阳烤得融化掉。"

听了可汗的话，玄奘与在座的其他人都笑了起来。

玄奘说："我去那里，只为瞻仰佛陀留下的圣迹，求取佛法。"

可汗听了，摇着头说："天竺人皮肤黝黑，他们喜欢赤身露体，毫无威仪可言，我看那里实在没有什么可看的！"

可汗的话，让玄奘有所担心，怕可汗会像高昌王一样不放他走。可汗倒通情达理，他见玄奘没有留下来的意思，也不勉强。

出于对玄奘的尊重，当然，也是看高昌王的面子，可汗给了玄奘丰厚的供养，还在军中找出一位兼通汉语和西域诸国语言的青年官员，命令他带上可汗致沿途各属国的国书，把玄奘等人送到西突厥干国的边界迦毕试国（今阿富汗喀布尔附近）去。

有统叶护可汗的庇护，玄奘等人走得很顺利。从碎叶城一路向西行走了一千多里路，经过了好几个国家，玄奘等人平安到达飒秣建国（今乌兹别克斯坦撒马尔罕附近）。

感化拜火教徒

飒秣建国举国上下都信仰拜火教，不信佛

教。王城内虽然有两所佛教寺庙，但没有僧人住持。当地人也不允许僧人在寺院中居住。如果有过路的僧人在寺中投宿，当地人就会纵火驱逐。民众认为，只有拜火教是光明的，其他宗教都是黑暗的。

但玄奘毕竟是从西突厥王朝的统叶护可汗那里过来的，可汗还专门派人一路护送，因此飒秣建国王虽然没把玄奘放在眼里，出于礼貌，还是予以接见，但是态度傲慢。玄奘向国王询问了有关拜火教的知识，进而善巧地谈起了佛法中的因果、缘起、福报。

玄奘问："大王，您有福报贵为国主，您觉得，是因为前生做的善事多，还是恶事多？"国王说："当然是善事多。"

"以前生做善事为因，今生得到做国王的果；今生以做善事为因，同样能得到来世做国王的果。这就是佛陀讲的善恶福祸、因果缘起。大王，您觉得有没有道理？"

国王听了，有所震动，他说："法师所言极是，令我豁然开朗。"他当场欢喜地"请受斋戒"，并誓愿以后遵照佛门的规矩生活。

仅这一面之缘，玄奘就以智慧善巧的弘法方式，令国王的态度由傲慢变成尊重。

玄奘虽然折服了国王，但整个飒秣建国对佛教的态度依然不友好。

与玄奘同行的两位僧人，看到王城里有两座寺院，就欢喜地依照佛教的礼仪前往烧香礼佛，结果被两个拜火教徒把火投到了身上。他们狼狈地跑回王宫，将此事禀告了国王。

国王听说这件事后，勃然大怒。此前，如果民众按照拜火教事火的方法驱赶僧人，国王是默许的。此时，国王为了表达自己对佛法的虔诚，下令拘捕纵火者，并传令召集王城百姓，要当众砍掉纵火者的双手。

玄奘闻听不忍，急忙前来劝阻。他说："人间的善法是佛法的基础。大王，如果佛陀看到众生即将被毁坏肢体，他一定会慈悲为怀的，也请大王慈悲，宽恕这两个不懂事的人吧。"

国王听了，不解地问："法师，我严惩纵火者，不就是为了维护佛教的尊严吗？您不应该阻拦我啊？"

玄奘说："大王，那两个人依据风俗，不知纵火驱逐僧人是做了错事，大王就算砍掉他们的双手，他们也不知道错在哪里啊！佛陀说，暴力无法止息暴力，仇恨无法熄灭仇恨。砍掉他们的双手，他们难道不会对佛教更加仇恨吗？"

国王听从了玄奘的劝告，对王城民众宣布："对这两个纵火者，理应处以砍手的刑罚，大唐来的高僧却劝我宽大为怀。虽然手可以不砍，但为示惩戒，他们将被鞭笞，并逐出王城。再有敢纵火冒犯僧人者，必遭严惩。"

这样的处理结果，在崇尚拜火教的飒秣建国是前所未闻的。王城民众从此不再冒犯路过的僧人。消息传开以后，整个飒秣建国的民众都开始尊重僧人。

为让佛教在飒秣建国扎下根，玄奘又劝国王度僧居寺。玄奘剃度的僧人，被国王安顿在王城内的寺院里。飒秣建国的信仰风俗，从此发生了微妙的变化。

缚喝国的"佛门三宝"

玄奘一行向西南方向行进，走了三百多里，途经四五个小国家，进入帕米尔高原的西部。他们没有逗留，继续翻山越岭，到达了活国（今阿富汗昆都）。

随行的突厥青年官员对玄奘说："法师，活国的呾（dá）度设（设为官名，相当于该国的国王），是我们统叶护可汗的长子，他一定会和可汗那样好好地招待您。"

玄奘听了，满心欢喜，见到呾度设后，他递上高昌王准备好的信。没想到，呾度设读着信，忽然号啕大哭起来。

原来，呾度设的第二任妻子，就是高昌王麹文泰的妹妹，前不久刚去世。呾度设读着高昌王的信，思及亡人，不禁悲从中来。

玄奘双手合十，诵经超度，他安慰呾度设说："大王，生老病死，人生无常，愿死者得解脱，生者得安稳吧。"

呾度设当时重病在身，玄奘的这几句话说到

了他的心窝里，他诚恳地说："法师，您从高昌过来，一路劳顿，请在这里多住几天。我看见您之后，眼睛亮多了，心情也好多了。等我身体再恢复一下，我亲自把您送到婆罗门国去。"

当时，有位从天竺来的梵僧也在活国王宫里，他天天为呾度设念咒祈福。呾度设的身体真的渐渐好转起来。玄奘没想到，身体好转后的呾度设，并没有马上履行他的承诺，而是忙着迎娶一位年轻的妻子。

新婚不久，呾度设又生病了。过了没几天，呾度设不治而亡。

遇到不幸的国丧，玄奘只好在活国又住了一个多月。

活国有位高僧达摩僧伽，曾在天竺留过学，是葱岭以西公认的"法匠"。玄奘向这位高僧请教佛法。

达摩僧伽很自信，他对玄奘说："佛教的各种学说和经典我都了解，你有问题可以随意问。"玄奘了解到达摩僧伽不修习大乘，就提问与小乘经典有关的问题。然而，达摩僧伽的解答并不圆满，被

玄奘向达摩僧伽请教佛法。

玄奘指出诸多破绽。

达摩僧伽不愧为高僧，玄奘这样做，他并没有生气，而是欢喜地四处为玄奘扬名，说："你们可要尊重这位大唐僧人，他比我还要高明。"

西行路上，玄奘多次与高僧辩经，都未能解除他在佛学上遇到的困惑。他慨叹说："看来只有到佛教的发源地天竺，才能学习到最完备的佛法。"

呾度设的长子特勤继位，成为新国王。玄奘想得到新国王的帮助，尽快到天竺去。这位新继位的国王却建议玄奘先到他属下的缚喝国（今阿富汗巴里赫）去看看，他说："法师，缚喝国是大雪山以北的佛教中心，有'小王舍城'之称，有很多圣迹值得瞻仰。"

恰巧，玄奘在活国遇到几位缚喝国的僧人。他们告诉玄奘："从缚喝国到天竺去，另有一条大路，比从活国过去好走。"

玄奘向新国王辞行，来到缚喝国。王城有"小王舍城"之称，寺院有一百多所，僧徒有三千多人，都以修学小乘为主。王城外，纳缚寺还藏有佛门三宝：一是"佛澡罐"，据说是佛陀曾经用过的，可容一斗多水；二是佛牙，长约一寸，宽八九分，黄白色，常常放光；三是"佛扫帚"，是用迦奢草做的，长三尺多，直径达七寸，扫帚柄上还有杂宝作为装饰，据说是佛陀亲自用过的。这三件佛宝，每逢斋日，寺院都会摆出来供信众观礼朝拜。

令玄奘意想不到的是，在他拜瞻这三件佛门至宝时，围观的人忽然发出一阵阵的惊叹。他闻声抬起头，这三件圣物竟然同时闪闪放光。

磔迦（zhē jiā）国（今印度旁遮普）的小乘三藏般若羯罗也在瞻礼现场。他和玄奘一见如故。般若羯罗钻研小乘佛教的义理，尤其精通《阿毗达摩论》《俱舍论》《毗婆沙论》等论典。

遇到这位博学的高僧，玄奘当然不会放弃学习的机会。在纳缚寺，他陪般若羯罗住了一个多月，系统地学习了《毗婆沙论》。

听说玄奘发心去天竺求法，般若羯罗赞叹之余，还与他结伴而行。他们经由揭职国（今阿富汗加兹谷）向东南行进，历尽艰辛越过大雪山，又在崇山峻岭中跋涉了六百余里，来到梵衍那国（今阿富汗巴米扬）的王城。

天竺越来越近

梵衍那国位于雪山之中，其王城巴米扬，是个重要的佛教圣地。城中有寺院十几所，僧众数千人，均修学小乘的出世部。玄奘和般若羯罗在城中逗留了半个月。梵衍那国的国王还请玄奘到宫中接受供养。城中的两位高僧阿梨耶驮娑、阿梨耶斯那见到玄奘后，赞叹不已，引领他到各处瞻仰圣迹。

在王城东北的山谷中，玄奘看到了两尊大佛。一尊是在山上摩崖雕刻的石佛，高一百四五十尺；另外一尊是鍮石造的佛立像，高一百尺，即举世闻名的巴米扬大佛。两尊大佛相距四百米，远远望去金色晃耀，宝饰灿烂，十分醒目。

东边的大佛身披蓝色袈裟，西边的大佛身着红色袈裟，佛像脸部和双手均涂有金色。两尊大佛，面部饱满，鼻梁修长笔直，眉如弯月，眼似杏仁，双手做转法轮印。佛像两侧均有暗洞，洞高数十米，可拾级而上，直达佛顶，高处平台可站立百余人。大佛洞窟的天井上彩绘着大量的飞天与菩萨。

经常有高僧在石洞中讲经，信众们围聚在佛像前聆听。大佛的鼻孔是天然扬声器，讲经者的声音被放大数倍，清晰地传到听众耳中。除了大佛窟之外，山谷中还有七百五十个小石窟，常年居住着各国来此参拜的僧人。

在平静的山谷中见到这么大的佛像，玄奘内心很激动。这两尊大佛，与大唐的佛像风格迥然不同，传递着天竺国的气息。静心瞻仰大佛时，玄奘听到了自己"怦怦"的心跳声，他强烈地感觉到，自己离天竺越来越近了。

离开梵衍那国后，玄奘等人往东又进入茫茫雪山。走着走着，他们迷路了，幸亏得到山里猎人的指引，这才脱了险。之后，他们翻越黑山，到达迦毕试国（今阿富汗贝格拉姆）。

迦毕试国是西突厥王朝势力范围的边界。玄奘平安到达此国，统叶护可汗派来的随从便和他分手作别了。

迦毕试国位于群山之间，国王和民众都信仰佛法，举国上下，佛教兴盛。国王爱育百姓，智勇双全，统治着周围十个小国。国内有寺院百余所，僧众六千人，这些寺院都修建得高大宽敌。更让玄奘欣喜的是，迦毕试国的僧人多数研习大乘佛教。

在迦毕试国，玄奘受到国王和僧众的普遍欢迎。很多寺庙为了邀请玄奘入住，甚至发生了激烈的争吵。有一位沙落迦寺的僧人对玄奘说："法师，我所在的寺院是汉王子修建的，您从那里来，应该住到我们寺院去。"

同行的般若羯罗是修学小乘的，他不愿意住在修学大乘的寺院里。而沙落迦寺的僧人也修学小乘。于是，玄奘与般若羯罗便先住进了这座寺院。

据说，那位汉王子建造这座寺院时，在一座佛像的脚底下，埋藏了很多珍宝，预备以后维修寺院用。这个传说，当地人人皆知。曾有个贪婪的国王想夺走这批珍宝，三番五次带兵来挖，都因地震而不得不中止。

沙落迦寺院的僧人一直想用这批珍宝来维修寺庙，但是他们也不敢挖。看到玄奘是从大唐来的，僧众们觉得机缘到了。

在僧人的带领下，玄奘来到汉王子画像前，焚香祷告说："您当年留下这批珍宝，是为了给后人修缮寺院用，现在需要用到它们了。如您允许，我愿监督取出珍宝，把钱用在正当的地方，绝不浪费。"

随后，玄奘命人挖掘，平安无事。掘地数尺后，挖出一个大铜器，里面有黄金数百斤、明珠数十颗。僧众们对玄奘无不心悦诚服。在玄奘的监督下，这笔财产完全用于了寺院维修。

不久，夏天来临。佛教规定，僧人在夏季三个月中要在寺中"结夏安居"，安心诵经，不能四处走动，以免误伤其他生命。因此，玄奘和般若羯罗都在沙落迦寺随众"结夏"。

结夏期间，迦毕试王邀请玄奘到一座大乘寺院讲法五天。前来听讲的法师中，有著名的高僧秣奴若瞿沙、阿黎耶伐摩、求那跋陀，这三人各是当地各宗的佛学领袖。但是他们学不兼通，大小有别。而玄奘兼通大乘小乘，随人发问，应答如流，大众无不信服。

结夏结束后，般若羯罗和玄奘告别，去了睹货罗国。玄奘则向东行进了六百多里，翻越黑岭，进入了北天竺地界。

"佛教大学"那烂陀

走进那烂陀

玄奘来到北天竺的滥波国（今印度与阿富汗交壤处的拉格曼地区），然后经过那揭罗喝国（今阿富汗贾拉拉巴德）、健陀罗国（今巴基斯坦白夏瓦）、乌仗那国（今巴基斯坦斯瓦特一带）等国家，来到佛教史上著名的迦湿弥罗国（今印度、巴基斯坦分治的克什米尔地区）。

迦湿弥罗国的第一高僧僧称法师，学问渊博，修为极高。玄奘请僧称法师为他讲授佛教经典。僧称法师上午讲《俱舍论》，下午讲《顺正理论》，晚上讲《因明》和《声明论》，玄奘听讲时格外用心，对每个细节都用心钻研，细细领会。僧称法师对僧众说："这位大唐僧人虽然年轻，但他智力超群，一定能光大佛法。"

迦湿弥罗国国王很欣赏玄奘，尤其见他千里迢迢前来求法，就派了二十名书手为他抄写佛经，还派了五个人照料玄奘的生活起居。玄奘在迦湿弥罗国停留了近两年时间，钻研梵语佛经，为日后周游印度和回国翻译佛经打下了坚实的基础。

离开迦湿弥罗国以后，玄奘继续前行，经过了几个国家，终于到达中天竺。期间多次遇到强盗，有一次还差点被外道当作祭品杀掉，但均有惊无险。沿途各地的佛教圣迹让他放慢了脚步，他依次到蓝毗尼（佛陀的出生地）、菩提伽耶（佛陀成道地）、鹿野苑（佛陀说法地）、祇园、灵鹫山、娑罗树林（佛陀入灭地）等地朝礼。

贞观五年（631）秋末冬初，一路历经千难万险的玄奘，终于来到了他西行的目的地——位于中天竺摩揭陀国的那烂陀寺。

在踏入那烂陀寺的山门之前，玄奘已经清楚地了解到，中天竺一带，以舍卫国、摩揭陀国为中心，是佛教的发祥地。佛陀一生中的大部分时间，是在摩揭陀国度过的。佛教史上的四次佛典结集，其中的第一次和第三次是在摩揭陀国完成的。有关佛陀的圣迹，绝大部分在王舍城附近。

位于王舍城外的那烂陀寺，是当时的佛教最高学府，寺院规模宏大，拥有六个僧院，常住僧众四千多人，精通经论的一千多人，可谓人才济济。天竺诸国乃至他方异域的求学者纷至沓来。

国王戒日王是个虔诚的佛教徒，他发愿在恒河沿岸建立多座佛塔，凡是有佛陀遗迹的地方，都建立起了寺院。他一直为那烂陀寺僧人提供着生活所需，让僧众安心专修佛法，开展佛学研究。

远在长安时，玄奘听三藏法师波罗颇迦罗蜜多罗介绍过那烂陀寺的戒贤法师。

戒贤法师出身王族，婆罗门种姓，东天竺三摩咀吒国（今孟加拉国库米拉一带）人。戒贤法师三十岁时曾在辩经中折服了前来挑战的外道，从此享有盛誉。戒贤法师精通《瑜伽师地论》，是戒日王时代印度大乘佛教的最高权威，不仅精通佛典，对外道论典，戒贤法师也无不精通。在那烂陀寺，僧众从不直呼戒贤法师的名字，而是尊称他"正法藏"。

离那烂陀寺越近，玄奘心情越复杂。一方面，他心中有困惑，不知道为什么佛教会在发源地天竺诸国出现衰败；另一方面，他知道进入那烂陀寺学习要通过严格的层层甄选，不知道自己会面对怎样的辩经。

其实，那烂陀寺的僧众早已听说有位大唐来的僧人要入寺学习。为此，戒贤法师专门委派四位高僧来迎接玄奘。

进入那烂陀寺山门时，寺中又走出来两百多位僧人、一千多位施主，他们举着华盖、手捧鲜花前来迎接。

如此隆重的欢迎仪式，表明那烂陀寺对玄奘已经免试，提前予以接纳。玄奘在那烂陀寺可以与僧众共享一切。

在玄奘眼里，年高德劭的戒贤法师就是当时活着的佛陀。天竺的最高礼节是"头面作礼"。由于人身上最高贵的是头，最卑贱的是脚，以自己之所贵触碰他人之所贱，表示自己敬重对方。见到戒贤法师后，玄奘虔诚地跪下来，用自己的额头轻轻地触碰戒贤法师的脚。

戒贤法师问："法师，你从哪里来？来这里做什么？"

玄奘毕恭毕敬地回答："弟子从大唐国来，想师从法师学习《瑜伽师地论》。"

戒贤法师说了声"好"，随即放声大哭起来。

大唐僧人来求学，本来是件很好的事，戒贤法师为何突然有这么异常的反应？这突如其来的一幕，令在场的人都懵了！

戒贤法师的梦

戒贤法师没有对此事做出解释，而是让站在他身边的随侍弟子、另一位那烂陀高僧佛陀跋陀罗开口来说。

在那烂陀寺，佛陀跋陀罗以博通经论、善于言谈而著称。他向大家讲述了戒贤法师三年前做过的一个梦。梦中的那段奇遇，就是为什么戒贤法师今天见到玄奘后痛哭流涕的原因。

原来戒贤法师一直患有痛风病，病一旦发作起来，不但手脚不听使唤，身上的各个关节都像被火烧刀割一般，疼痛难忍。三年前，病情突然加剧了，戒贤法师痛不欲生，准备以绝食的方式结束自己的生命。

一天夜里，戒贤法师在梦中见到了三位菩萨。这三位菩萨相貌端正庄严，面容慈祥和蔼，一位皮肤呈黄金色，一位皮肤呈碧绿色，一位皮肤呈银白色。其中一位菩萨对长老说："你就准备这样了结自己的生命吗？虽然佛经上讲人身是苦，但是并没有劝人厌弃人身。你之所以会这样痛苦，是因为你前世做国王时，不爱护自己的众生，才招来这个恶果。如果你真诚忏悔过去的罪业，就有可能减轻痛苦；如果你安忍痛苦来宣扬佛法，你的痛苦也会自然消除。你应该明白，简单地厌弃自己的肉身，无法从根本上减除痛苦。"

戒贤法师在梦里听了这番话，赶紧顶礼感谢三位菩萨的开示。

这时，那位皮肤呈黄金色的菩萨指着皮肤呈碧绿色的菩萨说："你认识他吗？他是观世音菩萨。"

说着，又指着皮肤呈银白色的菩萨说："他是弥勒菩萨。"戒贤法师一听，马上跪在弥勒菩萨的脚下，因为他精通的《瑜伽师地论》，就是弥勒菩萨口授的。

戒贤法师对弥勒菩萨说："希望我来世能转生在您的身边。您看可以吗？"弥勒菩萨回答说："只要你广传正法，你就可以来到我身边。"

皮肤呈黄金色的菩萨自我介绍说："我是文殊师利。我们见你无法忍受痛苦，想放弃生命，甚至忘记了自己的弘法利生的使命，所以才来劝你。你好好地宣讲《瑜伽师地论》等经典，把它们传播开来，你就不会有痛苦了。"

戒贤法师认真地听着，不住地点头。

文殊菩萨接着说："有位大唐僧人，将远道而来，跟你学习佛法，你等着教导他吧。"

今天，听说玄奘不远万里，从大唐来天竺师从自己学习《瑜伽师地论》，戒贤法师一下子想起了当年的梦，欣喜无限，不能自已。

佛陀跋陀罗讲完，僧众都感觉玄奘来到那烂陀寺是一件不可思议的事，在玄奘、戒贤法师与《瑜伽师地论》之间，有着殊胜的因缘。

听说了这一因缘的始末，玄奘也一样悲欣交集，他再次对戒贤法师头面作礼，激动地说："法师，我一定尽力听习，请法师慈悲教导吧。"

此时，戒贤法师又问："法师，你这一路上走了几年？"

玄奘想了想，三年前这个时候，他刚好离开长安走向天竺，于是恭敬地回答："三年。"

这在时间上再次印证了戒贤法师三年前的那个梦。戒贤法师甚为欣慰。

《瑜伽师地论》

自从玄奘到来后，戒贤法师的身体不再那么痛苦。于是，他决定宣讲《瑜伽师地论》。那烂陀寺百岁高僧亲自开讲一百卷的大论！消息传开，听讲者蜂拥而至。

讲经时，戒贤法师先把经文背一段，问："懂不懂？"如果众人说"懂"，他就背诵下一段；如果有人不懂，就站起来提问，他当场解答。他解答之后，再问："懂不懂？"

戒贤法师说，瑜伽之教，首先由佛陀传授给弥勒菩萨，后来，弥勒菩萨又传授给无著。

两百多年前，无著出生在犍陀罗国的一个婆罗门家庭，出家为僧后，他发愿住山修行，天天祈请弥勒菩萨，但在六年时间里，他连跟菩萨有关的梦也没做一个。

无著没有了信心，决定下山。途中，他遇到一位磨铁棒的老人。他问："你磨铁棒干什么？"老人说："我要把它磨成一根针。"无著想："为了一根针，世人都有这样的耐心。我想获得殊胜的智慧，怎可轻言放弃？"

他又回到山上苦修。三年后，他认为根本没有希望，又决定下山。途中，他看见一只母狗，后腿被打断了，血肉模糊，肉里蠕动着很多蛆虫。无著想帮狗把蛆虫清理出来，但是用手去捏，又怕为了护生而杀生。无著想不出更好的办法，只好伸出舌头把蛆虫舔出来。这样做，太恶心了，他闭着眼睛去舔。

舌头碰触到的，却是路边的石头。无著睁眼一看，哪有什么母狗，眼前站着的是满脸笑容的弥勒菩萨。他抱住弥勒菩萨的腿哭着问："我天天祈请，您为什么不来？"

弥勒菩萨说："你还记得磨针老人吗？我一直在你身边，只是你业障太重，认不出来而已。不信，你把我扛在肩上，进城再试试集市上的人。"

无著将弥勒菩萨扛在肩上，走进城里，逢人便问："我肩上有什么？"很多人说："什么也没有。"只有一位业障稍轻的老妇说："您扛一只快死的母狗干什么？"

此后连续四个月，弥勒菩萨每天晚上都来对无著说法。听讲的人，只有无著能见到弥勒菩萨，其他人业障轻的能听到声音，业障重的既听不到也看不到。无著听讲所作的笔记就是《瑜伽师地论》。

戒贤法师讲经，幽默风趣，深入浅出。他系统地讲完一遍《瑜伽师地论》时，时间已经过去了十五个月。

在这一年多的时间里，玄奘理清了佛法传承的脉络。原来在佛陀示寂后的这一千年中，对于如何修学佛法，大乘小乘各有说法。弥勒菩萨宣讲的

《瑜伽师地论》，融会了大小乘所有的修法，他把追求身口意统一的人统称为瑜伽师，又把修行分解为十七个步骤，为众生勾勒出一个贯穿了整个修行过程直至觉悟的蓝图。

佛陀不会忘记没有解脱的人

玄奘来天竺，目的是求法：一是系统学习《瑜伽师地论》；二是"求取真经"，把天竺最重要的佛经、最新出现的佛经带回大唐去。

在学经之外，玄奘花了不少精力系统地学习了梵文。在戒贤法师的指导下，他还系统地学习了因明学（古印度的逻辑学）和声明学（梵文语言学）。

一天午斋后，玄奘陪戒贤法师在林中漫步时，玄奘说："我真想留在这里，把这里的佛经通读一遍。"戒贤法师停下脚步，问玄奘："法师，你告诉我，你来天竺求法的初心是什么？"

"学习《瑜伽师地论》。"

戒贤法师笑了："佛陀在宣讲《华严经》时

说：不忘初心，方得始终。你继续深入《瑜伽师地论》吧。"

"法师，我已经听您讲过一遍，现在其他法师也在讲《瑜伽师地论》，您觉得我还要再系统学习一遍吗？"

"你只学了一遍，不能停下来，这部大论，我已经学了一生，但从未感到满足。法师，没有明确的目的，阅读只是林中漫步，不是学习。"

玄奘心有所悟。从贞观六年（632）到十年（636），玄奘至少从头到尾听过三遍《瑜伽师地论》讲解，他潜心攻读，佛学造诣渐至登峰造极。

戒贤法师喜欢和玄奘探讨佛法，他非常欣赏玄奘的悟性与才华，他经常对其他僧众讲："像玄奘这样的人，即便是听到他的名字，都已是难得的机缘，更何况能和他在一起探讨佛法呢？"

玄奘也不放过任何一个可以亲近戒贤法师的机会。戒贤法师允许他登堂入室。他看到，戒贤法师的住处陈设极为简朴。在回答玄奘的提问时，戒贤法师的直截与果断，与他的年龄绝不相称。玄奘压抑着心中的惊叹，他把心空成一个瓶子，戒贤法师所说的，他一字不漏地集纳起来。

一天，玄奘在外散步时，看到迎面走来一位梵僧。梵僧笑着伸开双臂，挡住了他前进的脚步："玄奘法师，您不认识我了吗？"

玄奘觉得这个人有些面熟，好像在哪里见过，但一时又想不起来。

"您真是菩萨，怎么会把我忘记了呢？我在大唐云游时，刚到益州就水土不服生病了，那时，是您一直照顾我啊！"

玄奘惊喜万分，没想到，他在益州空慧寺照顾过的生病梵僧，就是眼前之人。

"昔日大唐一会，今朝天竺重逢。看到您历经千难万险来到这里，我很高兴。您取经的心愿圆满了吗？计划什么时候返回大唐？回去的路上，如果遇到危难，别忘了我教您的《心经》哟。"梵僧微笑着说。

玄奘心中一动，好奇地问："您到底是谁？"

梵僧说："我名叫阿缚卢枳低湿伐罗。不过，您不要误会，虽然和你们翻译的观音菩萨是一个名字，我可不是观音菩萨。"

"天竺是我的故乡，所以我要回来。大唐是您的故乡，所以您也要回去。因为佛陀从来没有忘记那些还没有从烦恼中解脱出来的人。"

说来也巧，玄奘遇到这位梵僧没多久，有一天，戒贤法师也对他说："法师，你的学业已成，可以考虑早日回大唐去传播佛法啦。"

玄奘说："可是，这里的经论，还有很多我没有读过。"

戒贤法师说："佛法很重要的一个方面是流通，是传播，如果除了瑜伽派以外，你还想去学习别的部派，恐怕会失掉传播佛法的最佳时机和机缘。智慧是无边无际、浩如烟海的，只有佛才能够穷尽一切的智慧。而人的世俗生命就像朝露，死亡何时来临是无法预料的，也许突然就发生了。你应该考虑回大唐啦。"

玄奘说："感恩法师教诲。我想到南天竺游历一番，然后就往北返回大唐去。"

曲女城大辩经会

我之外皆我师

戒贤法师认为，玄奘为学习《瑜伽师地论》来到那烂陀寺，既然学过三遍了，可以回大唐去弘扬佛法了。

但是，玄奘经过五年的学习，发现他在那烂陀寺所学习的，并未能囊括天竺佛教所有的学说和精华。比如，佛陀说众生都有佛性，都可以成佛；戒贤法师作为瑜伽行派的大师，却认为有些人没有佛性，无法成佛。对此，《瑜伽师地论》也没有给出答案。

因此，玄奘拜别戒贤法师，离开那烂陀寺，以

"五十三参"的善财童子为榜样，重新踏上了游学的道路。

善财童子是《华严经》"入法界品"的主角。他虽然只是一位少年，但志向远大。在文殊菩萨的教诲下，他离开家乡福城，向南游学。一路上，他拜访了五十三位不同身份的善知识（这些善知识，有菩萨、僧人、国王、商人、船师、医生、婆罗门、魔术师甚至妓女），领悟了佛法的真谛。

在善财童子出发前，文殊菩萨告诉他："对善知识应该关注他的德行、特长，效法他的优点，不要去挑剔他的过失。这是参访的要义。"

走上游学的路后，文殊菩萨说的这句话，玄奘回味了无数遍。

途经孤山，玄奘听说山上有座精舍，其中供有一尊用旃檀木雕成的观音菩萨，颇有灵验。前来祈愿的人，站在护栏外向菩萨散花供养，如果能心想事成，鲜花会落到菩萨身上。

西行路上，玄奘在遇到种种危难时，总是习惯向观音菩萨祈请帮助。听说这尊观音有灵验，他当然不会放弃亲近供养的机会。

玄奘买了各种花，细心地编成花环，他在护栏外虔敬顶礼，心中默默祈愿：

"一、若我学成之后，能平安归国，愿花落到菩萨手上；二、若我依所修福慧成就往生兜率天宫，亲事弥勒菩萨之事，愿花环挂在菩萨的双臂上；三、戒贤法师说有一部分众生没有佛性，我一直困惑。若众生都有佛性，愿花环挂在菩萨颈上。"

玄奘起身，用力将花环撒出，结果尽如所愿。守护精舍的僧人上前庆贺说："法师，这太稀有了！等您将来成佛时，不要忘了今天的因缘，请先来度我。"

在伊烂拏钵伐多国（今印度比哈尔邦），玄奘寻访到小乘说一切有部的高僧怛他揭多毱多，用了一年的时间学习《毗婆沙论》《顺正理论》。

继续南行途中，玄奘遇到一位善讲因明（逻辑学）的婆罗门，他跟随这位婆罗门，用了一个月的时间学习《集量论》。

旅途中，玄奘遇到了弘扬小乘佛法的高僧苏部底、苏利耶，他向二师学习了《根本阿毗达摩》等论，二师向他学习了大乘经论。

低罗择迦寺的寺主般若跋陀罗造诣很深，玄奘跟他学习了两个月的梵文语法、因明逻辑。

路过杖林山时，玄奘拜访了隐居山中的在家居士胜军论师。胜军是个了不起的善知识，通达佛教大、小乘诸经论，也精通世间的天文、地理、医术、术数，为当时的人所敬重。戒日王想请他做国师，胜军坚辞不受，他说："我关心的是如何超越生死，没有时间帮你处理国家政务。"玄奘拜胜军论师为师，在杖林山居住了两年，广泛学习了多部经论。

一天清晨，胜军论师看到玄奘一脸的疲惫，于是问："法师，您没有休息好吗？"

玄奘说："昨天晚上，我做了一个奇怪的梦。我看到那烂陀寺长满了荒草，殿堂外拴着很多水牛，却见不到一个僧人。我走进曾经居住的院落，看到楼阁走廊上站着文殊菩萨。菩萨用手指着院落外让我看。天哪！那烂陀寺笼罩在一片火海中。菩萨说：'你尽快回大唐吧，十年后，戒日王将驾崩，天竺会陷入骚乱。记住我的话。'说完，菩萨不见了。我从梦中惊醒，再也无法入睡。论师，您知识广博，请告诉我，这个梦到底在告诉我什么？"

胜军论师说："这个世界原非安宁之处。也许这个梦将来会成为现实。既然菩萨对你有所告诫，你还是早作安排吧。"

贞观十四年（640），在五天竺遍访名师的玄奘，回到了阔别已久的那烂陀寺。

屡遭挑战的那烂陀

玄奘回来后，戒贤法师请他为寺中僧众开讲《摄大乘论》。此时，戒贤法师还不知道，自己的这个弟子已经成为兼通佛教大乘、小乘学说的佛学大家。

一天，戒日王派人把乌荼国小乘论师般若毱多的《破大乘论》送到那烂陀寺来。原来，般若毱多想挑战那烂陀寺的权威地位，提出辩经。戒日王请戒贤法师选派四位僧人到乌荼国去。

经过认真推选，僧众中选出四位能代表那烂陀寺水平的法师：海慧、智光、师子光和玄奘。

对天竺僧人来说，辩经是一件极其重大的事，如果辩经失败，按照以往的传统，要么割舌，要么自杀。海慧等三人知道，般若毱多是小乘教派的领袖，因此他们对辩经能否取胜没有把握，脸上不免流露出忧虑的神情。

玄奘劝慰说："诸位不必烦忧。此去辩经，由我出面。我是从大唐来这里学法的，如果胜了，荣誉当然归那烂陀寺；万一输了，是我学浅智微，那也无损于那烂陀寺的荣誉。"

玄奘这么说，是有自信的。在五天竺游学期间，玄奘深入学习了小乘佛教诸部的弘论，他认为用小乘教义驳倒大乘教义，是绝无可能的。

般若毱多迟迟不确定辩经口期，因此，这件事就拖延下来。准备回国的玄奘，只好留在那烂陀寺等待。

恰在这时，有位顺世外道找上门来，要和那烂陀寺的僧人辩经。顺世外道，既否定婆罗门教的祭礼、灵魂等观念，也否定佛教的因果、轮回、业报等观念，他们倡导追求现世的快乐。这位顺世外道写了四十条论点，张贴在那烂陀寺门外，他声称："如有人能攻破其中一条，我当断首相谢。"

接连数日，那烂陀寺无人应战。

为维护那烂陀寺的声誉，玄奘挺身而出，他请戒贤法师等人作为见证，和这个顺世外道展开了辩论。辩经进行了几个回合，顺世外道被问得张口结舌。他起身走到玄奘跟前："我服输了，随您处置。"

玄奘说："我们佛门弟子连昆虫都不伤害，更何况人？你不要自杀，做我的奴仆吧。"顺世外道欣然接受。

玄奘研究《破大乘论》时，曾遇到若干疑难之处。他没想到，这位顺世外道曾听般若毱多讲解该论五遍。于是，玄奘请顺世外道为他讲解《破大乘论》，从中找出了般若毱多的理论破绽。玄奘用大乘教义一一破斥，写下《制恶见论》。戒贤法师看过《制恶见论》后，赞不绝口。

顺世外道既然帮了大忙，玄奘就让他恢复了自由。

到乌荼国辩经的事一直没有下文，玄奘又开始考虑归国的事。

一天，一位名叫伐阇罗的露形外道前来拜访玄奘。伐阇罗善于占卜，玄奘请他算算，自己是留在天竺好，还是归国好？如果归国，是否会顺利以及寿命多长。

伐阇罗说："留在天竺最好。当然，归国也好。但是归国的话，您可能只能活到六十岁。当然，如果多放生修福，寿命是会延长的。"

玄奘又问："以我一人之力，能否将大批的佛经、佛像带回大唐呢？"

伐阇罗又算了一番，说："这个不用担心。到时候，戒日王和鸠摩罗王会帮助您的。过两天，鸠摩罗王就会派人迎请您到他那里去。"

玄奘觉得伐阇罗的话不可信，因为戒日王和鸠摩罗王，他都没见过，他想："他们怎么会来帮助我呢？"

没想到，过了两天，果真有迦摩缕波国（今印度阿萨姆地区）的使者走进那烂陀寺："鸠摩罗王派我来迎请玄奘。"

天竺双雄

那位顺世外道，辩经失败，成为玄奘的奴仆，没想到自己能重获自由。离开那烂陀寺后，他来到东天竺的迦摩缕波国，见到鸠摩罗王后，盛赞大唐来的僧人玄奘有德行、有学识。鸠摩罗王非常好学，特别敬重有学问的人，虽然他并不信仰佛教，但对这位传说中的大唐僧人却生起了渴慕，马上派人去迎请他。

鸠摩罗王对玄奘说："我不学无术，但仰慕有大学问的人，所以冒昧地把您请来了。"

玄奘介绍了长安的盛况，鸠摩罗王不禁心生向往。过了没多久，他就派遣使臣前往大唐朝贡，向唐太宗贡献奇珍异宝。

玄奘发现，迦摩缕波国的居民大多信仰婆罗门教，很少有人信仰佛教，国内没有一所佛教寺院。听说玄奘来到国内，许多婆罗门教徒找上门来跟他辩论，然而，都铩（shā）羽而归，没有一个能取胜的。鸠摩罗王对玄奘愈发敬重，每日都来与他攀谈，时间过去一个多月，他也不提送玄奘回去的事。

一天，鸠摩罗王好奇地问玄奘："佛陀有什么功德，让您这样优秀的人成为他的信徒？"玄奘没有马上回答，他写了一篇《三身论》，称扬佛陀的功德。鸠摩罗王读过这篇文章，开始对佛教感兴趣。

听说鸠摩罗王把玄奘迎请到迦摩缕波国，作为天竺最大国的国王，戒日王有些不高兴，他派使者迎请玄奘回摩揭陀国。鸠摩罗王却舍不得让玄奘走。

作为当时的"天竺双雄"，鸠摩罗王和戒日王后来协商出一个办法：鸠摩罗王把玄奘送到恒河北岸，戒日王从南岸渡河过来迎请玄奘。

戒日王说："法师为了佛法，经历了诸多困苦，来到天竺，看来您的故乡非常崇尚学习。如今天竺诸国流行演奏《秦王破阵乐》，这个曲子是来自您的故乡吗？"

《秦王破阵乐》是唐朝著名的宫廷乐舞。此曲出现在唐高祖武德三年（620），是为纪念当时的秦王李世民大破强敌而作的。

玄奘说："是。那是赞颂我们君主唐太宗的乐曲。"

玄奘的一番介绍，也让戒日王对大唐倾慕不已，很快他也派出使臣前往长安与大唐通好。贞观十五年（641），摩揭陀国的使臣到达长安后，唐太宗立即命大臣回访。大唐与摩揭陀国之间的外交与文化交流，就是由玄奘与戒日王这次见面后发起的。

第二天，戒日王问玄奘："法师，听说您写了一部《制恶见论》，弟子可否拜读一下？"

玄奘身边恰好有这部著作，当即呈给戒日王。戒日王看完后非常赞叹，他对国内的小乘高僧说："太阳一出来，就不用点蜡烛啦；天上一打雷，凿子锤子的声音就被遮蔽了。你们不知道吧？你们的般若毱多大师听说这部著作后，再也没提辩经的事，他借口去朝礼佛迹远远地逃走啦！"

曲女城大辩经

戒日王想："玄奘的《制恶见论》写得太好

啦！虽然我身边的这些小乘法师都信服了，但这个影响范围太小了。其他地方的小乘论师、婆罗门、外道，如果能看到，以后就不会再诽谤大乘了。怎样才能让他们看到呢？"

想着想着，他心里涌现出一个新奇的想法。

"如果在恒河边的曲女城召集一次无遮大会（指佛教举行的一种广结善缘，不分贵贱、僧俗、智愚、善恶，无所遮挡，一律平等对待的大斋会），请五天竺的沙门、婆罗门、各种外道都选派代表前来辩经，让玄奘以《制恶见论》折服他们。这样做，岂不更能展现大乘佛法的高明精妙！？"

戒日王做事果断，当天，他就发出敕告，请五天竺各国宗教人士选派代表，来曲女城参与辩经大会。

戒日王的这一心血来潮，让玄奘由辩经的应战方变成了挑战方，由四人团队作战变成了单打独斗，从面对般若毱多一个人变成了面对全天竺的修行大德。一旦失误，玄奘势将身败名裂；当然，如果能够成功，他就攀登上了天竺佛学的顶峰。

贞观十五年（641）春，玄奘来到了曲女城。

出席曲女城大辩经会的，除了戒日王、鸠摩罗王，还有来自五天竺的其他十八位国王，佛教大、小乘僧人代表三千多人，婆罗门及外道两千多人，那烂陀寺一千多名僧人。一时，曲女城方圆几十里内，人头攒动，盛况空前。

辩经大会的开幕式，像一幕戏剧。大象驮着金光灿灿的佛像走在中间，戒日王扮作佛教的护法天神帝释天，手执白色拂尘走在右侧；鸠摩罗王扮作大梵天王，手执宝盖走在左侧。后面是两头盛装的大象，象背上驮着鲜花，有人边走边撒。再后面，是玄奘和高僧们乘坐的大象。其他各国的国王、大臣及高僧等，分乘三百头大象，在道路两侧鱼贯而行。

正式的论辩开始前，戒日王亲自铺设宝座，请玄奘坐下。这表明，玄奘是此次辩经的论主。

玄奘向大众阐述《制恶见论》的要旨，来自那烂陀寺的高僧佛陀跋陀罗当众宣读论文。由于前来参加辩经的人多，会场外还悬挂了《制恶见论》的抄本。依照惯例，玄奘开出了辩经的条件："若有人能从《制恶见论》中检出一字无理或不成立者，玄奘当斩首相谢。"

在十八天的辩经期中，终究没有人能给玄奘的《制恶见论》挑出毛病。玄奘不战而胜。辩经结束前，他再次登上宝座，赞叹佛陀的功德。很多外道和小乘信徒被《制恶见论》折服，转信了大乘。

辩经之后，获胜者要乘坐高大、尊贵的大象在城市中巡游。戒日王兴冲冲地前来礼请玄奘，没想到，玄奘坚辞不受。戒日王只好让大臣举着玄奘的袈裟走在大象前，向大众宣告："大唐玄奘法师发布《制恶见论》，十八天无人能破，大家都应知晓。"

曲女城大辩经，《制恶见论》名震五天竺，玄奘成为大、小乘公认的佛学权威。大乘教派尊称他"大乘天"，小乘教派尊称他"解脱天"。这两个称号，标志着玄奘已经攀登到了天竺佛学的最高峰。

归来马蹄轻

大象驮经

辩经大会后，听说玄奘要返回大唐，戒日王说："弟子发愿和法师一起弘扬大乘佛法，您多住几年再说归国的事吧！"原本不信佛的鸠摩罗王说："法师，如果您留在天竺，我要在我的国家为您建一百所寺院。"

玄奘去意已决，向他们倾诉了自己的苦衷："大唐距离天竺路途遥远，人们很晚才听闻佛法，并且对佛法的认知很粗浅，没有领会到圆融的佛法，为此我才西行求法。我之所以求法圆满，就是大唐所有修行者共同的愿力所致，我不敢片刻忘怀。"

听玄奘这么说，戒日王和鸠摩罗王都不再勉强。

戒日王说："弟子不知道您要从哪条道回去？若取道南海，我派使者送您。"

当时，大唐与天竺之间的海路交通已经比较发达，从南天竺或东天竺的港口出发，途中还可在僧伽罗国停留，然后浮舟南海，就能到达今天的广州或福建沿海。从时间和体力的消耗、旅途的安全性，以及随身物品运输的便利性来讲，走海路最方便、最快捷。

玄奘说："我想走陆路。"

戒日王不解地问："法师，您归心似箭，为何又舍易就难？"

玄奘遥望北方，深情地说："我来天竺的路上，途经高昌国，国王敬重佛法，听说我西行求法，给了我很大的帮助。他与我相约，学成归来之日，再与他分享佛法。这个高昌之约，我情不能违。"

戒日王又问："法师返程，这一路上需要多少费用？"

玄奘说："无所需。"

戒日王与鸠摩罗王供养了大量钱物，玄奘一概不受，他只接受了鸠摩罗王的一件细绒披肩，以备途中防雨。

北天竺国的乌地多王前来参加法会，也要归国，正好顺路护送玄奘。戒日王给乌地多王一头大象、三千金钱、一万银钱，供玄奘路上使用。玄奘依然坚辞不受。

当地僧众上前劝说："自从佛陀灭度以来，历代君王对佛门虽有布施，但没听说过布施大象的。大象是天竺之宝，戒日王供养您大象，是对您崇敬之极啊。"

于是，玄奘接受了大象，其余钱物一概奉还。不久他发现，戒日王送来的这头大象真是意义重大。这头体型庞大的象，背上可乘坐八个人，同时还能装载他要带回大唐的所有佛经、佛像及其他杂物。

自贞观三年（629）冒着生命危险偷渡出关，远赴西天取经，十余年的光阴过去，已过不惑之年的玄奘，终于踏上归程。动身之日，戒日王、鸠摩罗王相送至几十里外，依依不舍，挥泪而别。

戒日王派遣四名大臣带上国书，快马赶往沿途的天竺各国，请各国递相护送玄奘一行。

晒经印度河

跟随着大象悠哉游哉的步伐，玄奘与乌地多王的人马以及戒日王委派护送的队伍轻松、从容地行进着。

与来时不同，他不再四处寻访佛教遗迹，因为他已经瞻仰过；不再拜师参学，因为佛教大小乘教法他都已学完；也不再孤身涉险，因为有天竺各国国王一程一程依次派人护送。返回大唐的归途，比起西行求法的时候，可是轻松多了！

令人感动的是，三天之后，戒日王与鸠摩罗王各率数百轻骑，追赶上来，再次为玄奘饯行。

行至毗罗拿国（今印度北方邦的艾塔附近），当地僧众听说"大乘天"路过，高兴地前来迎接。玄奘应请停留，讲了两个月的《瑜伽师地论》。

之后，向北又走了一个月，来到北天竺乌地

多国的王城阇兰达（今印度旁遮普邦的阿姆利则附近），乌地多王与玄奘告别，派人护送他继续前行。

贞观十六年（642），玄奘一行走到僧诃补罗国（今巴基斯坦恰夸尔一带）。此处多有盗贼出没。

玄奘请一位僧人走在前面，叮嘱说："如遇盗贼，就告诉他们，是从大唐来的西行取法僧，所带行李，都是佛经、佛像，请他们放行。"玄奘和其他众人紧随其后。

一路上虽然多次遇到盗贼，但都有惊无险。

又往北行进三天，宽达五六里的印度河横在眼前。玄奘让同行者携带佛经、佛像坐船过河，自己骑乘大象涉水而过。没料到，船行至河中央时，忽然风浪骤起，船剧烈地摇晃起来，几次险些被掀翻。看守经像的人和船上的物品，落入水中，众人赶紧施救。

上岸后，一行人检点随行的物品。玄奘伤心地发现，有五十箧经书和他想带回大唐的天竺特有的奇花异果的种子都不见了。有些泡了水的经箧，要在岸上摊晾。

就在这时，玄奘看到迦毕试王来到了跟前。

原来，迦毕试王听说玄奘来了，马上前来迎接。

迦毕试王问："法师，在河里丢失了什么？"

玄奘说："损失了五十箧经书。"

迦毕试王又问："除了经书之外，是不是还丢失了天竺特有的奇花异果的种子？"

出家人不打妄语，玄奘坦然承认。他问迦毕试王："大王，你是怎么知道的？"

迦毕试王说："故老相传，印度河里有很多洞窟，洞窟里住着毒龙恶兽，它们不许天竺的宝物外传，就掀起风浪，把船打翻。或许就是因为这个，才导致了这次翻船。"

损失了那么多经书，玄奘虽然懊恼，也没有办法。在迦毕试王恭敬邀请下，他在当地的一座寺院里停留了五十多天，派人到离此不远的乌仗那国去补抄佛经。

迦湿弥罗国王听说玄奘驻留在邻国，闻讯赶来相见，陪他住了数日才回去。

迦毕试王又仿效戒日王，为玄奘举办了一次为期七十五天的法会。法会结束后，他与玄奘同行到国界边，才与玄奘道别，另遣大臣率百余人护送玄奘翻越大雪山。

逶迤的雪岭

玄奘一行从婆罗犀那山岭（今阿富汗哈瓦克山口）向大雪山上行进。山上寒风凛冽，终年积雪，山路时而平缓，时而陡峭，无法骑马，只能拄杖前进。或上高崖，或入深谷，走了七天，爬上山顶。极目远眺东方的群山，只见雪峰林立，雪岭逶迤，危峦叠嶂，伸向天边。

又走了七天，来到两座雪岭之间的山谷中，在一个小村子住下休息。山谷厚厚的积雪下，到处是雪涧冰溪。如果没有人引路，就可能跌陷而死。第二天起程时，天还未亮，玄奘请一位村民骑着山驼在前面引路。天光大亮时，终于走出这片冰天雪地。检点人数，只剩下僧徒七人、脚夫二十多个人，象一头、骡子十只、马四匹。

次日眼前又出现一座需要攀登的山岭，这座山岭远远望去像一个大雪堆。走到半山腰时，厚重的云雾和飘舞的雪花让人步履维艰。登上山顶，才发现山顶上全是白色的岩石，并非皑皑白雪。山顶寒风凄厉，没有人能站住脚，连鸟儿都不敢直接飞越。

又走了五六天，一行人来到达安怛罗缚婆国（今阿富汗安多罗卜），这里佛法并不兴盛，只有三所寺院，僧众几十人。从印度河一路走来，跋涉数千里，时值岁末，玄奘一行在此地休整了五天。

贞观十七年（643），由西北下山，经阔悉多国（今阿富汗阿姆河上游地区），攀山越谷，行走了三百多里，到达活国。

西突厥统叶护可汗的孙子特勤，玄奘离开时，刚继任国王，如今已称为叶护。他是玄奘的老熟人，见面之后格外高兴，留住一个月，又派人护送，与商旅结伴前行。

众人向东南走，途经多个国家，因路遇大雪，一路走走停停。行走了近一千里路，来到达摩悉铁帝国（今阿富汗瓦汉地区），国内有十几所寺院，僧徒多碧眼。

之后，走进葱岭中的波迷罗山谷。山谷东西长千里，南北宽百里，在两座雪山之间，终年飘雪，春夏不停，草木稀疏，人迹罕至。

继续向东进发，到达竭盘陀国（今新疆塔什库尔干），在王城东南大石崖下的石室中，礼拜了两尊僧人的肉身。这两位僧人去世后，肉身不腐，须发还一直生长，附近寺院的僧人每年为其剃发换衣。此事让同行的商人们感到不可思议。

从大石崖向东北行，走到第五天，遇到一伙盗贼。同行的商人惊恐地尖叫，四处逃窜。玄奘却静默不语。但那头一路随行的大象却因受到惊吓而发足狂奔，掉进山下的河里淹死了。

盗贼走后，玄奘和商人们集合到一起，冒着寒冷与危险继续东行。他失去了主要的运载工具，不得不慢下脚步。东行八百多里，终于走出葱岭。一路上，又经乌铩国（今新疆莎车）、佉沙国（今新疆喀什）、斫句迦国（今新疆叶城），在这一年的岁末，来到于阗国的国境边。

得知玄奘到来，于阗国王带着王子前来迎接。会见后，国王留下王子陪护玄奘，他自己返身赶回王城，布置盛大的欢迎仪式。

贞观十八年（644）春夏之际，玄奘抵达于阗国的王城勃伽夷（今新疆皮山县），住进了城中的萨婆多寺。

驻足于阗

于阗是西域佛教（尤其是大乘佛教）的中心。

于阗国原本盛行小乘说一切有部，曹魏甘露五年（260），中国西行求法的僧人朱士行到达该国，抄得《放光般若经》的胡本，准备送回洛阳时，为该国小乘学者所阻。5世纪开始，这里开始流行大乘佛教。对汉传佛教影响极大的《华严经》，即从于阗传抄而来。

于阗王说："法师，您能否驻足于阗，为僧俗大众宣说您求取来的天竺妙法？"

大乘僧人，历来以弘扬佛法为本分、利益众生为事业。国王提出的这一要求，玄奘无法回绝，他只好暂居于阗，依次为国王及僧俗开讲了《瑜伽师地论》《俱舍论》《摄大乘论》。

讲经期间，玄奘请人到附近龟兹、疏勒诸国，寻找他在渡印度河时损失的五十箧佛经，进行补抄。

于阗离高昌国不远，玄奘计划讲经结束后，前往高昌，去拜望他的异姓哥哥麴文泰，和他这位王兄分享他西行求法成功的喜悦，回报当初他给予的巨大支持。可就在这个当口，从在于阗经商的高昌人马玄智口中，玄奘听到了麴文泰的死讯。

贞观四年（630），麴文泰曾到长安谒见唐太宗，与唐朝保持和好。当时西突厥强盛，高昌国被其控制，在它指使下，一度封锁了西域诸国通唐的道路，垄断了东西交通的商道。于是，大唐派兵进攻高昌，麴文泰忧惧而死。

玄奘在天竺舍易从难，放弃海路，选择陆路回国，就是想与麴文泰践履"高昌之约"。面对无常的世事，玄奘虽能接受，还是为王兄麴文泰洒下了热泪，他心里想："既然'高昌之约'已成梦幻泡影，那就回长安吧。"

然而，说到回长安，玄奘心中还有一丝顾虑。当初西行，他未能取得朝廷许可，属于偷渡出关。

此刻，他不清楚朝廷对他会怎样处置。

恰巧，高昌人马玄智当时正在组织商队去长安。玄奘就迅速地写了一道奏表，委托他带到长安，转交朝廷。

在奏表中，玄奘简单地叙述了自己西行求法的历程。他说，当年冒犯朝廷法令，私往天竺，只是为了求取佛法；西行求法路上，虽然历经千辛万苦，幸赖朝廷天威所佑，终于如愿以偿；如今人在归途，只因经本众多，主要的运输工具大象不幸溺死，一时找不到鞍马运载，滞留在于阗；他心中对太宗充满仰望，希望早日能谒见皇帝；同时，请赦免他"冒越宪章，私往天竺"之罪。

七八个月后，唐太宗派来的使节来到于阗，带来了皇帝的敕令。

英明豁达的唐太宗不仅不追究玄奘当年违禁出境之罪，还热切、真诚地期盼能早日见到他。使节告诉玄奘："皇帝已下令于阗等地派人护送法师回国，人力和马匹不会缺乏；如今，敦煌、鄯善等沿途各地的官员，已经做好了迎接法师的准备。"

长安城为他沸腾了

玄奘接到敕命，马上告别于阗王，启程奔向阔别多年的祖国怀抱。

到达沙州（今甘肃敦煌附近），玄奘再次奏表报告自己的行程。当时，唐太宗正紧锣密鼓地谋划出兵征伐侵占辽东的高句丽国，征伐的总指挥部，设在洛阳。

看完玄奘的奏表，唐太宗下令留守长安的重臣房玄龄，做好迎接玄奘归来的工作。

玄奘为了赶在大军出征前见到皇帝，日夜兼程从敦煌赶往长安。

贞观十九年（645）正月二十四日，玄奘到达长安西郊。

远远地望着长安城的城墙，离开祖国十几年，九死一生、历经磨难的玄奘，从脸上流下两行热泪："长安啊，我回来了！"

负责迎候的官员，没想到玄奘这么快就到来了，朝廷迎接的仪仗还没来得及备好。而在民间，玄奘到达长安的消息，却已不胫而走。整个长安城

房玄龄主持盛大的仪式欢迎回国的玄奘。

为他沸腾了！玄奘的名字，早已随风传遍了长安。一时，一传十，十传百，百传千……城里城外的百姓奔向西郊。

长安城西郊的道路，被人群堵塞了。面对蜂拥而至的民众，负责接待的官员茫然无措。玄奘驻足漕河边，根本无法入城，当晚只得留宿在漕上。

房玄龄闻报，迅速安排数位重臣次日到西郊迎接玄奘进入长安。

二十五日，玄奘和驮经队从漕上起程，进入长安。沿途万众欢腾，从者如云。

当天上午，京城各大寺院的高僧大德各率僧众，擎幡幢、宝盖，奉香案，云集在长安城的主干道、城内最繁华的朱雀街。房玄龄主持了规模盛大的欢迎仪式。之后，他安排仪仗车运载玄奘带回的佛经、佛像，由南向北穿越整条朱雀街，供官民一同瞻礼。

长安士庶倾城而出，从朱雀街到弘福寺之间的数十里道路两侧，挤满了前来瞻礼参拜的人，他们或合掌而立，或烧香诵经，或散花供养。

房玄龄为防止出现踩踏事件，下令众人只可"当处烧香散花，无得移动"。

玄奘归国，带回佛典五百二十箧，六百五十七部，其中包括大乘佛经、小乘佛经、因明论、声明论；此外还有佛像七尊、如来佛肉舍利一百五十粒、骨舍利一函等。

这些佛典、法物展示结束后，被送往弘福寺安置。

在这热闹非凡、风光无限的时刻，活动的主角玄奘，又在哪里？

他的身影并没有出现在这热烈的欢迎场合中。就像在曲女城辩经大会之后，他没有坐在大象背上到城内巡游一样。此时此刻，在一个房间里，玄奘一个人安静地坐着。

玄奘的身体，和大地上所有的人一样，同样是一具血肉之躯；玄奘的心，和大地上所有的人一样，同样装着愤怒、无助、恐惧、希望、平静和欢喜。然而，经历佛法的浸润与淬炼，世间的荣耀与名利，已经无法扰动他那颗平静如水的心。

大唐圣教序

"朕早知法师"

贞观十九年（645）二月初一，唐太宗在洛阳宫仪鸾殿接见玄奘。见面赐座后，太宗淡然一笑："朕早知法师。"

玄奘听了一惊，但他脸上依然平静。

玄奘归国前，中天竺摩揭陀国的戒日王已派使臣来长安与大唐通好。在摩揭陀国使臣递交的国书中，太宗已记下天竺人提到的"唐僧"玄奘之名。

太宗问："法师，您去天竺取经是件好事。怎么当年不向我禀告呢？"

玄奘说："我当年离开大唐时，也曾再三上表陈奏。只怪我愿力微薄，未能蒙恩获准。又因求法心切，便私自出境，有这样的违法行为，我感到非常惭愧，非常惶恐。"

太宗哈哈大笑："国家禁令俗人随意出境。法师是出家人，不在禁令之列。再说，您去天竺求法，是惠利苍生的好事。我是非常赞同的。您不要再惭愧了，也不必担心什么！"

太宗又问："我好奇的是，那么遥远的路途，一路上又充满了艰难险阻，法师是怎么到达天竺的呢？"

玄奘说："凭靠大唐的天威，我去天竺和回大唐，一路上都没有遇上什么阻碍。"

玄奘这个回答，大大出乎太宗的意料。他当然明白，玄奘一路上能克服艰难险阻，与他没有什么关系，于是说："这都是依赖法师的功德，朕哪里敢当！"

接下来，太宗详细地询问了玄奘西行沿途的见闻，以及西域各国的人情风物。玄奘的回答非常有条理。他当着玄奘的面，对身边的近臣说："法师谈吐典雅，实际上要超出古人很多很多。"

太宗求贤若渴，觉得玄奘堪任宰相，力劝他还俗辅政。

玄奘婉拒说："我从小出家，信奉佛法，学习的是佛家的解脱之道，对儒家的治国之道非常陌生。如果让我还俗，就像把船搬到陆地上，无法发挥船的作用了。我愿终身行道，以报国恩。"

当时，太宗正在征调各地的兵马到洛阳，准备出征辽东，军务繁忙，本想和玄奘短暂会上一面。没想到两人见面后，越谈兴致越高，不知不觉已到日落时分。唐太宗依然意犹未尽，于是邀请玄奘随军东征，一路可继续叙谈。

玄奘说："我是个僧人，行军作战不在我的能力范围内，我在军队中只会为您增添不必要的麻烦。再者，兵戎战斗，佛教戒律禁止僧人观看。这是佛说过的，我不敢不奏明，请陛下体察苦衷。"

太宗一听，也没法再勉强。

玄奘请求太宗允许他到嵩山少林寺去翻译从天竺带回的佛经。太宗说："翻译佛经不必去嵩山。长安的弘福寺内有个禅院，十分清净，法师可去那里译经。"

玄奘说："弘福寺在长安城内，百姓见我从西方来，或许会成群结队地前来，这既有扰寺院的清净，又不利于我和其他僧人修行。请陛下为我派上门卫，防止各种干扰。"

太宗马上答应照办，他说："法师，您的一切所需，由国家支付，有任何需要，您就找房玄龄解决吧。"

临别，太宗也对玄奘提了一个要求："天竺距离大唐十分遥远，那里的佛迹、教法，我们已有的记载并不详尽。法师既然亲自看到过、经历过，何不把它们一一写出来，让没有去过的人了解一下呢？"

《大唐西域记》

贞观十九年（645）三月初一，玄奘回到长安，奉诏入住弘福寺。他着手启动译经工作，开具了所需的助手人数以及笔墨纸砚等，报告房玄龄。房玄龄启奏唐太宗。太宗大力支持，传旨照玄奘所需供给，务必周全。

五月，准备工作就绪，助译人员到位，玄奘马上启动了译经工程。

译场内共有"十职"：一、译主（译场的总负责人，梵汉兼通，深悟佛法，宣读原本，并讲解其意义，最后确定译文）；二、证义（辅助译主审查译文与原文是否有出入）；三、证文（监督译主宣读梵文本时有无错误）；四、书手（把梵文读音写成汉字）；五、笔受（把译主翻译的梵文记录成汉文）；六、缀文（整理译文，使之符合汉语规范）；七、参译（对照译文，校勘原文）；八、刊定（删除译文重复部分，务求简明扼要）；九、润文（润色译文，使之流畅优美）；十、梵呗（依梵文念诵法念唱译文，修正音节，便于传诵）。

在举国选拔译经助手时，二十六岁的僧人辩机，以渊博的学识、出众的文采、风雅的仪容，被玄奘法师相中，担任"缀文"之一。

玄奘翻译的第一部经，是《大菩萨藏经》。这部经是大乘瑜伽行派具有纲领意义的经典，讲菩萨应该怎么修行。首译这部经，玄奘是想磨合队伍，积累经验，为翻译《瑜伽师地论》做准备。

玄奘夜以继日地翻译佛经。

当然，玄奘并没有忘记唐太宗下达的那个艰巨任务。

译经同时，玄奘对辩机口述了他西行天竺途中的经历与见闻，以及西域、中亚、南亚等地上百个国家的历史、地理和文化。辩机将其编次润饰，辑录成《大唐西域记》十二卷。

在《大唐西域记》中，玄奘首次以"印度"来称呼天竺。在他之前，典籍中对印度的称谓真是五花八门，有"身毒、身笃、贤豆、天竺"等多种。玄奘说，"印度"的本意是"月亮"。在印度这片土地上，佛陀及历代僧众、菩萨，就像月亮照临一样，给世间被红尘俗务所烦扰的芸芸众生带来清凉与光明。

在介绍佛教圣迹的同时，玄奘也介绍了印度民众的生活习俗。如，印度对地面干净的判断标准，是要涂满牛粪，还要在牛粪上撒花；印度民众都光着脚，很少穿鞋；很多女人以把牙齿染红或黑为美；印度不吃隔夜的饭菜、不共用餐具，饭后用杨柳枝清洁牙齿；印度没有死刑，犯罪的人可以花钱赎罪，没有钱的要根据罪行轻重，处以割舌、削鼻、割耳、剁手足等刑罚；印度的葬仪有火葬、水葬、土葬，还有"安乐死"——上了年纪的老人，或者疾病缠身的人，不想活下去的时候，家人把他抬到堆满鲜花的船上，任其漂泊在恒河上，自生自灭，名为"生天"……玄奘说，印度还有很特别的礼节，是在大唐见不到的：一是吻尊者之足，二是顺时针绕尊者一到三圈。

贞观二十年（646）七月十三日，玄奘向唐太宗呈上《大唐西域记》，太宗说："朕会亲自翻阅。"当然，他所关心的，并非玄奘详细介绍的这些内容，而是出于政治、军事及外交上的考量，他对有关西域及中亚、南亚各国的山川形势、气候物产、风土人情等内容更感兴趣。

梵译《道德经》

唐朝官方信奉的是道教，不是佛教。大唐立国以来，李唐皇室就给自己找了一位大名鼎鼎的祖先——老子。老子姓李名聃，他们便自称是老子后裔。

武德八年（625），唐高祖李渊下诏，确定三教的排序：以道教居首，儒教次之，佛教最后。

贞观十一年（637）正月，唐太宗李世民诏告天下，明确宣布道教在佛教之上，认为佛教是"殊俗之典"，声明："老子是朕祖宗，名位称号，宜在佛先。以后凡斋供、行止乃至讲论，道士、女冠应处僧尼之前。"

太宗还以纯洁佛教为名，令官员"检校佛法，清肃非滥"，致使国内僧人数量大幅减少。他虽然支持玄奘译经，但在国家举办的活动中，坚持"道士位列僧人之前"。他还感慨佛经传播太广泛，致使老祖宗所讲的《道德经》反倒被人遗忘了。

接触玄奘之后，唐太宗对佛教的态度开始摇摆。

太宗出征辽东归来后，重病缠身，常恐世寿不久。为了荐福延寿，他开始相信佛教的因果之说、功德之事。在他看来，这与道家的方术并无二致，两者互不排斥，可以同时并存。

一天，太宗问："做什么最有功德？"

玄奘说："众生愚迷已久，没有智慧就不能觉悟，而智慧的萌生，要依赖于佛法，弘扬佛法又在于人。所以剃度僧人，最有功德。"

于是，太宗下诏在长安及各州佛寺每寺剃度僧人五名，弘福寺则剃度五十名。当时共有佛寺3716所，此诏一下，新增僧尼18000多人。隋末战乱之后，僧人总数锐减，这次剃度后，僧团又壮大起来。

恰巧，太宗身体偶有好转，他对玄奘更为信任，时不时找玄奘讨论佛教教义，"福田功德"之类的话更是挂在嘴边。他还命人对玄奘增加供给，应季更换衣服被褥，让后宫为玄奘织造袈裟一领，并赐金剃刀一把。

因为信任玄奘，唐太宗对佛教的礼遇，可谓前所未有。

贞观二十一年（647），东印度迦摩缕波国鸠摩罗王遣使来唐，贡献奇珍异物及地图，请老子像和《道德经》。唐太宗命玄奘与道士蔡晃、成玄英等一起翻译《道德经》。

成玄英等道士试图以佛教中观的理论来诠解《道德经》，认为佛道二家虽说法不同，其意趣则是相通的。对于这个观点，玄奘坚决拒斥，他明确指出，佛道二教，其旨有天壤之别，不能用佛教的义理来比附《道德经》。

在具体译名的选择上，成玄英等道士又提出沿用佛经的说法，用"菩提"来对译"道"。玄奘说："'菩提'的本意是'觉悟'，'道'的本意是'真理'，其对应的梵文是'末伽'。"

玄奘把《道德经》译成梵文后，成玄英又提出翻译《道德经序》。玄奘认为这篇所谓的序，是南朝时灵宝派道士伪托葛玄所作的，其中谈及的"叩齿""咽液"之类方术，如果传至异邦，会为人耻笑。玄奘拒绝翻译。

道士们不服，为此上陈朝廷。唐太宗命中书令马周等人裁定此事。马周遵从玄奘的意见，决定不翻此《序》。

《大唐圣教序》

唐太宗曾与玄奘讨论《金刚经》。玄奘说："鸠摩罗什翻译的《金刚经》有误译之处，如经题为'金刚般若经'，这是以坚固不坏、无物不摧的金刚来比喻般若智慧。依梵文原本看，应译为'能断金刚般若'，这里的金刚，指的是众生的烦恼坚固如金刚，佛法的般若智慧能断众生的烦恼。"

唐太宗听了很感兴趣，命玄奘按梵本重译。

玄奘认为，奉敕译经是护国行为，奏请太宗派重臣监护。太宗指定房玄龄充任"译场监阅"一职。

为流通新译的佛经，凡有所译，玄奘都奏请太宗御览，还上表请太宗为新译佛经作序。太宗则予以推辞。

完成《大唐西域记》后，玄奘着手翻译一百卷本的《瑜伽师地论》。贞观二十二年（648）五月十五日，玄奘历时三年终于译完这部佛门巨著《瑜伽师地论》。

七月一日，唐太宗到坊州玉华宫（今陕西延安附近）避暑，召请玄奘前往觐见。玄奘上路后，唐太宗又多次派人传令，请玄奘不必着急赶路，以免劳累。

二人见面后，太宗因欣慕玄奘的学业仪韵，再次劝他还俗辅政。

玄奘不置可否，他盛赞唐太宗英明神武，贞观盛世，贤臣林列，继而说自己蔽陋无能，不堪辅政之任，又说："我愿恪守佛门戒律，终身阐扬佛陀遗教，安心译经诵经，护国息灾，以助皇图永祚（zuò）。"

唐太宗听了非常欢喜，说："法师好好努力吧。从今以后，朕定当协助法师弘道。"随后，他又问："法师近来翻译什么经论？"

玄奘说："刚刚译好《瑜伽师地论》一百卷。"

听玄奘介绍《瑜伽师地论》要义后，唐太宗派人从长安取来译本，亲加披览。

翻阅之余，感觉此论义理宏深，他感慨地对身边的近臣说："朕观佛经好比观天望海，莫测高深。没想到，玄奘法师能在异域求得如此妙法。朕向来忙于军国大事，未能仔细推寻佛教。而今看来，其宗旨、渊源深远旷阔，没有边际，儒道九流的典籍与之相比，犹如水池之于大海，世人说儒释道三家同一旨归，纯属妄谈。"

太宗当即下令，由秘书省挑选出九名书手将《瑜伽师地论》等抄写九份，分发到九州最重要的寺院保存，供人阅读传抄。

八月四日，玄奘再次启请太宗为新译佛典撰写序言。这一次，太宗没有推辞，欣然撰写了《大唐三藏圣教序》。在这篇序文中，唐太宗称玄奘是"法门之领袖"，说"松风水月，未足比其清华；仙露明珠，讵能方其朗润"，称赞他"超六尘而迥出，只千古而无对"。

太子李治读了《大唐圣教序》之后，写了一篇《述三藏圣教序记》（简称《述圣记》），亲自抄写了一份赐予玄奘。九月，李治又秉承太宗之旨，为玄奘首译的《大菩萨藏经》撰写了后序。

经玄奘再次启请，唐太宗同意将《大唐三藏圣教序》置于玄奘所译所有佛经之首，太子李治的《述圣记》附于经后。在唐太宗的推动下，整个社会出现了佛教热，上至朝廷世家，下至贩夫走卒，都以信仰佛教为荣。

玄奘为人处世极其低调，虽然如此，还是有人觉得玄奘谄媚皇室。

辩机偶然谈及坊间的言论，玄奘说："乘泛海之舟才能远致千里，如附松之萝才能长高万寻，人们不知道，我以'光大佛法'为己任，取得帝王的外护，是使佛法昌盛的因缘啊！"

入主大慈恩寺

贞观二十二年（648）十月，玄奘随唐太宗回长安。太宗在宫城北阙紫微殿西别设弘法院，让玄奘住在那里，晚上译经，白天则可以陪太宗谈玄论道。

此时，太子李治为其母长孙皇后荐福而建的大慈恩寺即将完工。长孙皇后于贞观十年（636）六月二十一日去世。贞观二十二年七月一日，李治为报母恩，敕令在长安城中选定武德初年废弃的净觉寺重加营建。经过数月扩建翻修，新寺落成。寺院有十余院落，房屋一千八百九十七间，规模宏大，美轮美奂，华丽庄严，为长安城之最。

十月一日，李治奉太宗敕旨，宣布新寺命名为大慈恩寺，将度僧三百名，请五十名大德共住弘扬佛法；于寺西北角，另建译经院，请玄奘移就译经，同时总领寺务。

玄奘以体弱多病，"奉敕翻译……恐不能卒业"为由力辞，未能获准。

十二月二十三日，朝廷举行盛大仪式，迎请玄奘入住大慈恩寺。

清晨，一千五百多车乘，先到弘福寺迎取来即将供奉在大慈恩寺的佛像，以及玄奘从印度带回的佛经、佛像、舍利等，然后来到皇城西北安福门外，整齐排列。

玄奘上车后，队伍浩浩荡荡前往大慈恩寺。唐太宗与太子、后宫嫔妃们站在安福门楼上手持香炉恭送。与此同时，朝廷重臣赵国公长孙无忌、英国公李勣（徐世勣）、中书令褚遂良等奉太宗敕命，在大慈恩寺山门前手持香炉恭迎。

二十四日，大慈恩寺举办度僧法会。太子李治率嫔妃前来观礼，后又到玄奘住所探望，并题诗一首，贴于门上。

当天晚上，唐太宗命玄奘重返皇城北阙，依旧在弘法院起居。

贞观二十三年（649）四月二十五日，玄奘陪同唐太宗、太子李治前往翠微宫。太宗在政务之余，唯与玄奘谈玄论道，请教因果报应及西域见闻。太宗感慨说："只可惜朕与法师相识太晚，不能广兴佛事。"

五月二十六日，与玄奘交谈时，唐太宗突感头疼，他不以为有异，当晚留玄奘在宫中住宿，准备等身体舒服一点，再继续交谈。

当晚，太宗在翠微宫含风殿病逝，终年五十二岁。

太宗突然去世，对玄奘是一个重大的打击。归国后的短短四年中，玄奘与太宗多次交流，相处非常融洽，出于对玄奘的尊重，太宗不遗余力地支持译经事业。这是多么难得的殊胜因缘。

"世事无常，果然如佛所说。"玄奘感慨之余，想到自己从印度带回的众多佛经还没有翻译，更感紧迫。回到大慈恩寺，玄奘更是专心译经。

每天，玄奘早早起床，通读梵本，用朱笔圈点，确定当天准备翻译的内容。如果白天有事，来不及完成，晚上他继续赶译，翻译不完，绝不休息。

作为大慈恩寺的主持，玄奘每天除了译经，还要主持寺务，接待各地慕名前来求教的僧人、学者及王公贵族，每晚为僧众讲法。虽然事务繁芜，但他有条不紊，应付自如。

"朕失国宝"

启建大雁塔

唐太宗去世后，太子李治继位，史称唐高宗。

高宗和他的父亲一样，对玄奘译经弘法表示支持，但他的出发点不过是借此增加自己的福寿而已。

随君伴驾，出入宫廷，远非玄奘之本愿。他与君王的交往应酬，虽然赢得了他们对译经事业的支持，有利于佛教的弘扬，但对于玄奘来说，其中也有身不由己的无奈。

玄奘的译经事业，就是在这种尴尬无奈中进行的。

唐高宗永徽三年（652）三月，年过五旬的玄奘启请在大慈恩寺端门之南造一座石塔，用来保存他从印度带回的佛经、佛像、舍利，以防年久散失与火灾等意外。高宗马上批准，但他决定把这座塔建在慈恩寺内，并由石塔改为砖塔。

玄奘亲自参加施工，和工匠们一起搬砖运土。历时两年，这座仿印度风格的外表是砖内里是土的方形佛塔落成了。塔基边长一百四十尺，塔高五层，高一百八十尺。每层中央，藏有一千到两千粒佛舍利。塔的最上层，以石为室，用以藏佛经、佛像以及大书法家褚遂良书写的《三藏圣教序》、《述圣记》两块碑。

出于对玄奘的尊重，高宗请玄奘为这座塔起名。

玄奘在印度游学时，曾见到一座名字奇特的"大雁塔"。

寺里的僧人说，他们之前信仰小乘佛教，可以吃三净肉。有一天，一位僧人乞食没有得到三净肉，心里有点馋。他一抬头，看见天上飞过一群大雁，就开玩笑地说："今日僧众无肉可食，菩萨您应该知道啊。"话音刚落，一头大雁"扑通"一声从天上掉了下来，死在这位僧人面前。

僧人见状大惊，把这件事情告诉给僧众。僧众得知后，既惭愧，又悲伤，认为这只大雁是菩萨化身，点化他们改信大乘，不再食肉。

为了纪念这只大雁，僧众把这只大雁视为菩萨，为它建造了一座塔。

玄奘把新建成的塔也命名为"大雁塔"。

显庆元年（656）正月二十三日，高宗与武后在大慈恩寺为太子李弘设千僧斋，并敕朝臣前往进香。黄门侍郎薛元超、中书舍人李义府前来拜见玄奘。玄奘请他们代奏两件事：一是希望朝廷循前朝旧例，选派官员襄助译事；二是请皇帝为大慈恩寺落成立碑，以传后世。

二十四日，高宗准奏，敕令他所信任的朝臣尚书左仆射于志宁、中书令来济、礼部尚书许敬宗、黄门侍郎薛元超、中书舍人李义府等，时往慈恩寺译场查阅，如发现译文有不妥当之处，当为润色。同时，高宗还答应他将亲为大慈恩寺的落成撰写碑文。

二月二十九日，高宗御制碑文写成。四月十四日，高宗亲笔书写的文章，着人刻成了石碑，送到慈恩寺。玄奘不敢在寺内坐等，率慈恩寺僧众赶到芳林门迎接。长安士庶大众闻讯前来围观，人山人海。

高宗站在皇城的安福门楼上，观看着这盛大的场面，内心非常高兴。御碑送到慈恩寺内，安置在大殿东南角新建碑亭中。

次日，玄奘上表谢恩。

在佛道之争的漩涡中

唐太宗在位时，曾明确宣布道教在佛教之上。这道诏令，引起僧众的抗议。太宗下令鞭打带头抗议的僧人，将抗议者逐出长安。唐太宗去世后，有道士大力弘扬《老子化胡经》。于是，佛道之争再起波澜。

《老子化胡经》是西晋道士王浮所作，宣说老子到天竺变为佛陀，教化胡人。这部经，成为道教优于佛教的理论依据，也是佛道之争的源头。

高宗在皇宫内百福殿，召集僧道就《老子化胡经》的真伪进行论争。佛道之争相互对抗，更加激烈。玄奘虽然置身事外，但他的弟子慧立、神泰已涉身其中。

永徽六年（655），高宗敕封老子为"太上玄元皇帝"。不久，他又沿袭唐高祖、唐太宗"崇道抑佛"的宗教政策，敕令天下："凡出家人犯罪，难以断明，可用世俗法定罪。"

对此，玄奘深感忧虑。

显庆元年（656）十二月，玄奘向高宗上了一道奏章，提出两个请求：一是希望把佛教排在道教前面，二是希望废除"僧尼犯法依世俗法定罪"这一条。

高宗看了奏章后，同意废除"僧尼犯法依世俗法定罪"这一条，对于佛道排位的问题，高宗以"先朝处分，事须平章"为由驳回。

显庆二年（657），玄奘奉命陪高宗到洛阳，居于积翠宫，进行翻译工作。高宗建议玄奘"无者先翻，有者在后"，先翻译汉译佛经中还没有的经典。玄奘以《金刚经》为例说旧译未必合理，没有采纳皇帝的建议。

洛阳邻近嵩山，玄奘又上表请高宗恩准他到少林寺译经。高宗以大隐在市朝为由，拒绝了玄奘的请求，并说以后不可再提此事。

三年前，李弘生病，高宗焦虑不已，命玄奘诵经祈福。法事之后，太子病愈，高宗下敕扩建西明寺。显庆三年（658）六月，西明寺重新落成，共有十院，房四千余间。七月，高宗敕令玄奘移住西明寺，选派五十名高僧入住，协助玄奘译经，其中有律宗高僧道宣。十四日，玄奘入主西明寺，仪式一如当年唐太宗敕令他入主大慈恩寺时的规模。

玄奘当年西行求法时，数次在冰山雪岭间跋涉，致使身体落下"冷病"。回到长安后，一直依赖药物治疗。入住西明寺不久，他的冷病再次发作，来势凶猛，几乎危及性命。高宗将玄奘迎入皇城东侧的凝阴殿西阁，命御医悉心治疗，病情才逐渐好转。

经此大病之后，玄奘的身体更加虚弱。京城名流来往众多，竞相看望。玄奘不胜其扰，只好再次上表，奏请离开长安，前往玉华宫译《大般若经》。

这一次，唐高宗允许了。

般若之果

显庆四年(659)，移居玉华宫的玄奘，开始着手翻译全文达六百卷的《大般若经》（全称《大般若波罗蜜多经》）。

这部经，在西域各国都被视为镇国之宝。唐高宗也格外重视。

由于《大般若经》体量巨大，助译者建议玄奘参考一下姚秦时期的译经大师鸠摩罗什的做法，把经文中相类似的部分删掉。玄奘认为这个建议有道理，就依从了。

当天晚上，玄奘做了一个梦。在梦中，他先是爬上了一座高山，却不知为何，从山顶上摔了下去；接着，他梦见自己跟猛兽搏斗，费了很大的力气，才脱离了危险。

从梦中醒来，玄奘汗流浃背。他感觉这个梦是对他简化《大般若经》的一个警诫。次日，他把这个梦告知助译者，依旧按梵文原本，进行译经。

玄奘译经，一直遵循"五不翻"的原则：一、秘密内容（如咒语）；二、一词有多种含义；三、经中所说之物"印度有，大唐无"；四、古人已定译为某词；五、天竺惯用语，在汉语中找不到对应的字词；凡遇到这五种情况，只以汉语注其读音，不作翻译。

年近六十，玄奘想起"露形外道"伐阇罗为他预测的寿命，不禁感慨人寿有限。玄奘记起伐阇罗所说的"兴福可以延寿"这句话，将皇帝赐予的贵重之物，全部拿出来，用于供僧、供灯、造经、放生，他广做佛事，为自己兴福延寿。

弟子窥基不解，问："法师历来教人接受无常，看淡生死，今日何以至此？"

玄奘说："贱躯微命，向来不惜。我这样做，是为了今生不留遗憾，能够完整地把《大般若经》翻译完。"

译经期间，玄奘每每感觉力不从心。他勉励译场的助译和弟子说："我已经六十多岁了，不知道什么时候无常到来，我就不在了！这部《大般若经》，卷帙（zhì）浩瀚，我经常担心翻译不完。拜托诸位努力，不要怕辛苦。"

从显庆五年（660）正月始，到龙朔三年（663）十月止，这部六百卷的巨大佛典终于译完。

玄奘感慨万千，对译场众僧说："我来玉华宫，就是为了翻译《大般若经》。如今这部经译完了，我的生命也该结束啦！"

玄奘致力于翻译此经，有一个重要的原因。他一生以"光大佛法"为目标，然而他看到，佛教的大、小乘之间乃至大乘佛教内部，各个宗派因见解不一，纷争不断，他想建立起一个统一的佛法修学体系。

玄奘心目中的这个完美的修学体系，以"阿毗达磨"为大地，以《瑜伽师地论》为树干，以《大般若经》为果实。

玄奘从印度带回的经典众多，他知道自己穷尽一生也无法全部译出。玄奘译经，是有选择的。第一阶段，以《瑜伽师地论》为主，这是他西行求法的重心；第二阶段，以"阿毗达磨"为主，翻译了《大毗婆沙论》《俱舍论》，介绍修行的基础与入门方法；第三阶段，以《大般若经》为主。

"朕失国宝"

玄奘勉力译完《大般若经》，感觉体力衰竭，自知生命即将走到尽头。

麟德元年（664）正月初一，玄奘翻译了一部只包含五个咒语的短经《咒五首经》后，众僧又请他翻译《大宝积经》。

为了不拂众意，玄奘勉强翻译了开头数行，随即合上了梵本。

玄奘望着弟子们，平静地说："这部经卷帙之众，与《大般若经》相同。我自觉心力不济，死期将至，不能再承担此事了。"

说完这句话，玄奘停止了翻译工作。

他开始为自己离开这个世界做准备。

正月初八晚上，僧人玄觉梦见一尊高大的佛塔突然倒塌。他担心这个梦是提示自己要出什么事，就请玄奘为他解梦。

玄奘告诉他："这个梦，跟你没关系，是预示我将要离开这个世界。"

初九晚上，曾经翻越过崇山峻岭、跋涉过滔滔江河的玄奘，在跨越屋后的小水沟时，不慎摔了一跤。虽然只是擦破脚踝处的一点皮，玄奘却因此病倒，病情急转直下。

正月十六那天，他令弟子把已译完的佛经编个目录，看看到底翻译了多少；又按照佛教的戒律，把自己用的东西全部施舍给寺里的僧众。

二月初四夜，玄奘在床上朝右侧安静地躺下。他一生的经历，却像梦境一样，在他眼前闪现出来。

他看到了地平线，并且是不断向远方延伸着的地平线，蓝色，透明，闪闪发光。这时，一股天竺特有的花香，轻逸地飘到了鼻端，他深深地吸了一口。这时，房间里回荡起天竺僧人动听的梵唱。

西行求法的道路，出现在他的眼前。莫贺延的沙漠，冷酷的雪山，奔流不息的恒河，菩提伽耶的大菩提树，庄严的那烂陀寺……

他看到了母亲，她在轻轻地呼唤他"陈祎"。他应了一声。他看到了母亲去世时父亲的泪眼。

他看到了二哥的身影，看到二哥牵着自己的手，走进了洛阳净土寺的山门。

眼前的面孔多起来，他看到了同意将他剃度为僧的郑善果大人，看到了目光具有穿透力的百岁高僧戒贤，看到了戒日王，看到了唐太宗……

这些熟悉的脸孔，一一闪过，如流星划过夜空。

他看到了碧绿透明的荷叶，看到了清净的池水，以及鲜净可爱的白莲花……看到了佛陀，看到了观音菩萨、文殊菩萨……

玄奘感到身体产生了奇异的变化，他的知觉敏锐起来。他清晰地听到，在他的房间里，僧众正齐声念佛。

身体没有痛苦，心情格外平静，玄奘脸上闪现出一个欢喜的微笑。

二月初五晚上，随侍床榻一侧的弟子普光等人惊奇地看到，玄奘额头的皱纹平抚了，数日不饮不食，但他本已枯槁的脸也变得饱满，并且，他的脸上闪现出一个神秘的微笑。

普光等人悲从中来，知道师父要走了。

普光俯身凑向玄奘耳边，轻声问："和尚，您确定要往生到弥勒菩萨现在居住的兜率天宫吗？"

玄奘嘴唇翕（xī）动，传出微弱而又坚定的声音："是的。"

随即，玄奘的气息慢慢微弱下来。

二月三日，唐高宗得知玄奘因伤到脚得病并且病情加重后，马上派御医带药物赶往玉华宫。但御医到来时，玄奘早已停止了呼吸。

高宗闻讯后极为哀痛，罢朝三日。他痛心地拍打着皇宫殿内的大柱子，哀恸地连声说道："朕失国宝矣！朕失国宝矣！"

弟子们遵照玄奘的遗嘱，用粗竹席将他包裹，安葬于长安东郊白鹿原上。

玄奘
生平简表

●◎隋文帝开皇二十年（600）

出生。

●◎隋炀帝大业七年（611）

父母丧亡，随二哥长捷法师入洛阳净土寺。

●◎大业八年（612）

被破格剃度为僧，始学经论。

◉◎唐高祖武德元年（618）

随二哥游学长安、成都，从高僧学《摄大乘论》。

◉◎武德三年（620）

在益州空慧寺受具足戒。

◉◎武德六年（623）

离开成都，游学于荆州、相州、赵州等地，从高僧学经论。

◉◎武德八年（625）

入长安，从道岳法师学《俱舍论》，被誉为"佛门千里驹"。向中天竺波罗颇迦罗蜜多罗咨询佛法。

◉◎唐太宗贞观三年（629）

自长安出发，西行求法。经河西走廊，出玉门关，历五烽，越国境，过莫贺延碛。

●◎贞观四年（630）

入高昌。北逾雪山，过中亚诸国一带。

●◎贞观五年（631）

到摩揭陀国那烂陀寺，从戒贤法师学《瑜伽师地论》《中论》等经论。

●◎贞观十年（636）

游学五天竺，学《毗婆沙》《顺正理》《集量》《阿毗达磨》诸论。

●◎贞观十三年（639）

往杖林山，从胜军论师学《唯识决择》《庄严经论》。

●◎贞观十四年（640）

复返那烂陀寺。撰《会宗论》。撰《制恶见论》。应邀至迦摩缕波国，会晤鸠摩罗王。

●◎贞观十五年（641）

会晤戒日王。于曲女城辩经会立《制恶见论》，无人能破，誉满印度。同年踏上归程。

●◎贞观十九年（645）

携佛典、佛像回到长安。于洛阳谒见唐太宗。在长安弘福寺开始译经。

●◎贞观二十年（646）

撰成《大唐西域记》。

●◎贞观二十一年（647）

译《老子》为梵文。

●◎贞观二十二年（648）

译成《瑜伽师地论》。唐太宗撰《圣教序》。入主大慈恩寺。

●◎贞观二十三年（649）

随驾终南山翠微宫。太宗崩。还大慈恩寺，专事译经。

●◎唐高宗永徽三年（652）

启建大雁塔。

●◎显庆元年（656）

请朝廷派官员到译场襄助译事。

●◎显庆三年（658）

入主西明寺。

●◎显庆四年（659）

移住坊州玉华宫。

●◎显庆五年（660）

始译《大般若经》。

● ◎龙朔三年（663）

译成《大般若经》六百卷。

● ◎麟德元年（664）

入寂，葬于白鹿原。